Premopasana of Bhagavan Sri Satya Sai Krishna

Love's Journey to the Source

Premopasana of Bhagavan Sri Satya Sai Krishna

Love's Journey to the Source

Dr. J.S.S. Lakshminarayana

Aperion Books
www.AperionBooks.com

Aperion Books™
1611A South Melrose Dr #173
Vista, California 92081
www.AperionBooks.com

10 9 8 7 6 5 4 3
Second edition
Printed in the United States
of America

ISBN-10: 0-9856039-0-9
ISBN-13: 978-0-9856039-0-8
Library of Congress Catalog Card
Number: 2012916413

"Religions are many but the goal is one, beings are many but breath is one, and the language of love is the only one to realize God."

—From the Introduction

God Is I am
but not the other

Creator the Parabrahma I am
untouchable by
pain and sufferings

The True Bliss
The Lord Satya Sai

Contents

Preface viii

Introduction x

Details of Sri Sāi Krishna Mandalam xvi

Diagrams of Sōpānam Sri Sāi Krishna Mandalam xviii

Adoration of Sri Sāi Krishna Mandalam 2

Panchōpachāra Pujās 33

Sri Sāi Krishna Astōttara Nāmams 43

Sri Sāi Krishna Trisati 47

OM
SREE GURUBHYO NAMAHA
SREE MAHAGANAPATHAYE NAMAHA
SREE SREE SAI KRISHNAYA NAMAHA

PREFACE

This transcribed text is taken from *Sweta Dweepa Sai Pooja vidhanam*, published by the author in 2007. *Premopasana of Bhagavan Sree Sathya Sai Krishna* is intended for those interested in Sai Krishna Bhakthi and Love. The lamp that was lighted in me by my Guru His Holiness Swami Haridos Giri, was made to grow and bloom into "Premopasana" through the grace, blessings and love of Bhagavan Sree Sathya Sai Baba. I offer my infinite prostrations to them. All that is useful and good in the book is the result of the Divine grace and faults, if any, are mine for which I offer my apologies.

I am indebted to Brahmasree Bhashya Ratna Mahagnichith Vagapeya Yagi Bahuyagi Sanathana Dharma Rakshaka Ratna, Ved Nidhi, Sroutha Smartha Veda Sastra Sudhanidhi, Dr. P.S. Ananthanarayana Somayaji of Musiri, Tamil Nadu, India for his continued blessings. I am also grateful for the constant support of Brahmasree J. Chandramouli Sastrigal of Sree Adhi Parasakthi Temple, Scarborough, Ontario Canada. I also would like to express my respects to my Late Brother Sree J.V.K. Gurunadham, Advocate, Machlipatnam, Andhra Pradesh, India for his Love and Care. My thanks to my wife Dr. Sita Devi and my family members for their continued support. My special gratitude and thanks to Mr. Arthur Kukuvitis, Mr. David Rubinson, and Ms. Margo Martin, and Aperion books for their help with redesigning the manuscript for this edition.

I cannot conclude this preface without acknowledging my grateful thanks to Mr. Srinivasan and Mrs. Srinivasan of Limelight Services Toronto, Ontario; Mr. J. Sethuraman, Mr. Ramanan Gopi Singh and my friend Mr. Ranjan Ramakrishnan of Toronto, Ontario, upon from whom I obtained help in the realization of this book.

J.S.S. Lakshminarayana
Richmond Hill
Ontario, Canada
September, 2012

SATHYA, SIRIDI, SAI KRISHNA SAI
ALL IN ONE AND ONE IN ALL

This Miraculous Sai Krishna photo
was taken by an Australian Sai Devote
during her interview with Baba at Put-
taparthi. It was only on her return to
Australian when the ....

Sri Krishna

MATERIALISED BY LORD SATHYA SAI BABA

"The distance between God and you is the same as the distance between you and your self." —Baba

Om Sree Gurubhyo Namaha
Om Sree Maha Ganapathaye Namaha
Om Sree Sai Krishnaya Namaha

OFFERING

Sri Sathya Sai Baba is God and a poorna Avathar with sixteen attributes which are Creation, Preservation, Dissolution, Incarnation, Grace at all times (Past Present and Future) with the consciousness or awareness through all time. He is the Universal Consciousness and Energy (SIVA AND SHAKTI). "Saithree"(1) revealed Swami as SAI SIVA (Siva Shakti) Avatar.

"Svéta Dweepa Sai Puja vidhanam(2) described Swami as Sai Krishna (Hari Hara). Swami himself declared that he is the Avatar of God during Sivaratri Celebrations of 1955. On Gurupoornima Day, the Sixth July 1963 Swami pronounced that he was born as Shirdi Sai (SIVA), as Satya Sai (Siva and Shakti) and later to be born as Prema Sai (Shakti). He further mentioned that his right half is SIVA and the left is SHAKTI. In Sri Krishna Sri Satya Sai(3) Sri Suman Babu revealed that Swami is none other than Lord Krishna.

The purpose of the Avathar is to propagate Truth, to reveal the Truth and to Practice and Preach it. Bhagavan Sri Sai Krishna is helping the individual seeker in becoming aware of the Divinity that is inherent in him or her and to conduct himself or herself accordingly to achieve the ultimate goal of Union with the Divine which is known as Sayujyam. This is Advaitopasana or Realisation of oneness with God.

Bhagavan Sri Sathya Sai Baba said on 4th July 1968, that he had come to light the lamp of love in us and tell us of the Universal Unitary Faith, the path of love, duty of love, and obligation of love. Swami is love incarnate or Prema Swaroopa. He showers love, seeks love, establishes love in each and every individual. Swami says love is God, live in God. Truth never changes and truth is love and God. Swami instructs us to start the day with love, fill the day with love, end the day with love and this is the way to God. Religions are many but the goal is one, beings are many but breath is one, and the language of love is the only one to realize God. Only love for God is true love, and to achieve this unchanging love one should develop dedication, devotion, discipline, discrimination, and determination. Develop love towards every one. Complete faith and confidence in God bestows full devotion or bhakthi which in turn with grace grants mukthi. Dedicate all acts to Swami (God) and Swami is with you. Here the love, lover and the loved, all become one. This is Ekantha Mukthi or Liberation or Brahma Bhava. When Jiva disappears into Brahma which is—"Aham Brahma Paramdhāma Brahmāham Paramam Padam."

There are four kinds of Mukthi which are Salokya, Sameepya, Saroopya and Sayujya. One can abide in the presence of God (Salokya) or always with God (Sameepya) or realize all that they see is the glory of the Lord while existing ever with the Lord (Sarupya) or one remains united with the Lord as one when all difference disappears (Sayujya or Ekantha Mukthi).

This book on Premopasana of Lord Sai Krishna gives the tool for the seeker as to how one can attain Mukthi and reach the Goloka where Lord Sai Krishna resides with Bhagawati Radha Rani and the remaining Ashta Mahishis. Swami is Radha Madhava, Prakrithi and Purusha and is the manifestation of Nitya Chaitanya or Brahman or Super Consciousness. By love and promoting it through sādhana one can attain Ananya Bhakthi for Swami.

Sri Sai Krishna Mandalam or Yantra of Swéta Dweepam (Golokam) was prepared to help those interested in Sai Krishna Premopasana. This has seven steps and each step has its own mantra and tantra. The seventh step is the ultimate step representing the seat of Nitya Chaitanya Sai Krishna.

In this book daily upasana or pooja of Sai Krishna through Prema or Love is given for the benefit of the seeker. This is transcribed in English, Telugu, Tamil, Kannada and Hindi languages. This is offering of Love to the Lotus Feet of Sri Bhagavan Satya Sai Krishna. In him always,

1. G.V. Subba Rao. Saithree - Mantra, Yantra, and Tantra. Prashanthi Nilayam, Andhra Pradesh, India. PP. 84, 2000.
2. Dr. J.S.S. Lakshminarayana. Sveta Dweepa Sai Pooja Vidhānam, Samskrita Bhashā Prachāra Samiti, Hyderabad 500001 India. PP. 66, 2007.
3. Dr. J. Suman Babu. Sri Krishna Sri Sathya Sai. Sathya Sai Books and Publications Trust, Prashanthi Nilayam - 515134, A.P., India. PP. 212, 2002.

J.S.S Lakshminaryana

Om Sree Maha Ganapathaye Namaha

Om Sree Sai Krishnaya Namaha

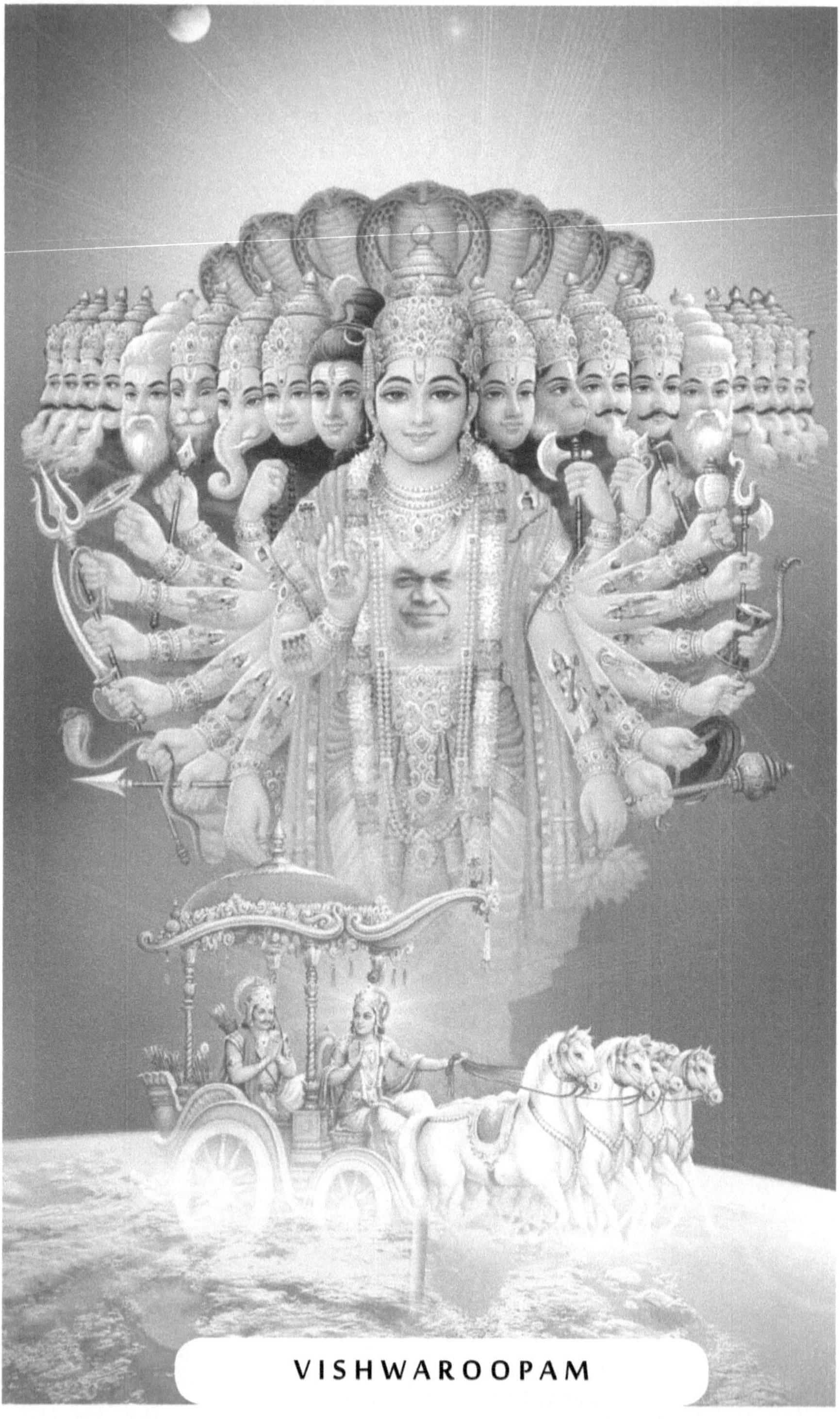

VISHWAROOPAM

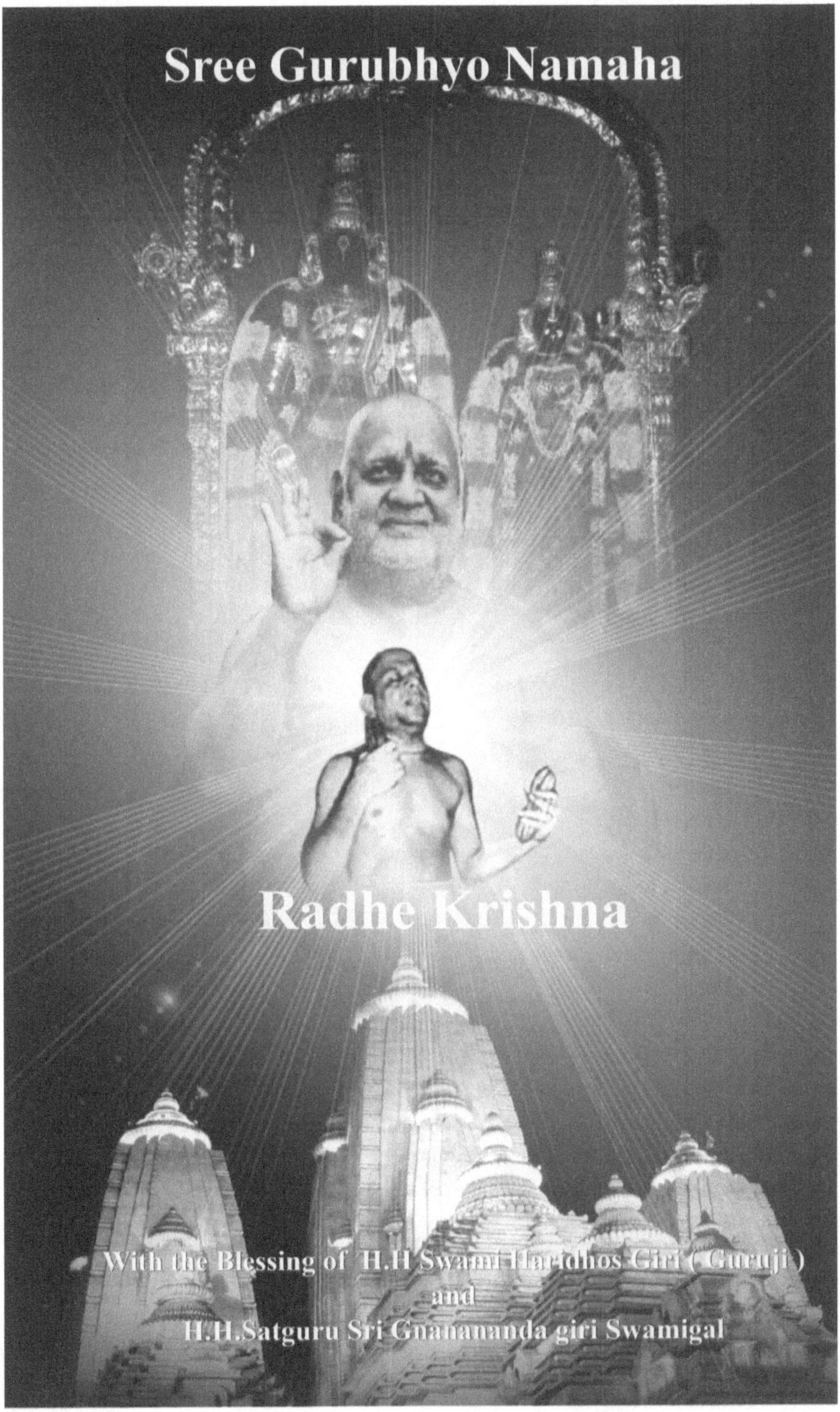
Sree Gurubhyo Namaha
Radhe Krishna
With the Blessing of H.H Swami Haridhos Giri (Guruji)
and
H.H.Satguru Sri Gnanananda giri Swamigal

DETAILS OF SRI SĀI KRISHNA MANDALAM (GOLOKAM OR SVETA DWEEPAM)

LIVE WITH LOVE, MOVE WITH LOVE, SPEAK WITH LOVE, THINK WITH LOVE, ACT WITH LOVE, THIS IS THE MOST FRUITFUL SĀDHANA.
—BABA

FIRST SŌPANAM (STEP)
LOVE IS SĀDHANA. Blue color pervades and Four Vedas engulf the sopanam. Matru, Pitru, Ācharya, Athithi (Guest), Jeeva (life), Prakrithi (Nature) and Bhoota premas are part of this region. In all directions there is the protection from the Universal Mother besides other deities from different directions.

SECOND SŌPANAM (STEP)
This step is pervaded in red colored Lotus Petals. The mantra of this sopanam is "Bhadra Krishna Gayatri":

KLEEM SĀI KRISHNĀYA VIDMAHEY, OM BHADRA PRIYĀYA DHEEMAHI, THANNAH KRISHNAH PRACHODAYATH.

Prosody: Bruhati
Deity: Sri Kamadeva
Sage: Lakshminarayana
Seed: Kleem
Force: Sreem
Numbers of letters in the mantram are 27 and each letter represents a dévata (one on each petal).

The seven number indicates Avatara and 2+7=9 which denotes Parabrahma.
The 27 number also purports the sacred thread forming a necklace of three main strings where each string is composed of 9 threads. The 27 number also alludes to the centre point (Grandhi) where Sushumna meets 26 other vessels including Ida and Pingala which are the breath or the spiritual conduits. By reciting this mantra one can attain Brahmatva or Moksha or Kaivalyam.

THIRD SŌPANAM (STEP)
This Sōpanam has yellow coloured Lotus petals. The mantra for this is called "Kama Gayatri" with 27 letters, one on each of the petals.

The Mantram is:
"KLEEM KAMADEVĀYA VIDHMAHEY, PUSHPA BANĀYA DHEEMAHI THANNO ANANGAH PRACHODAYATH."

Prosody: BRUHATI
Deity: SRI KAMADEVA
Sage: Sri Krishna
Seed: Kleem
Force: Sri Krishna
The benefit of this mantra is one can obtain Sameepya Mukthi.

FOURTH SŌPANAM (STEP)
Red, Yellow and Blue mixed coloured sixteen lotus petals occupy this sōpanam. These petals portray the 16000 Gopis, 16000 Bhagavan Sathya Sai Love rays, 16 Kalās, 16 lettered Sri Sodasi mantram of Sri Lalitha Tripura Sundari and 16 Nitya Devatas. The Mantra of the fourth sopanam is Sri Sai Krishna shodasi:
"OM SREEM HRĪM KLEEM SAI KRISHNA BHADRA VALLABHAYA SWAHA"

Prosody: Gayatri
Deity: Sai Krishna
Sage: Lakshminarayana
Seed: Kleem
Force: Swāha
The benefit of this mantra is all desires fulfilled, reach Golokam and Saloka Mukthi and Sayujyam.

FIFTH SŌPANAM (STEP)
This eight petalled lotus is of the colour of strong red coloured Hibiscus (Japakusuma) flower. The eight petals purport the eight queens of Lord Krishna and also the eight elephants guarding the eight cardinal points or regions.

The mantra of this Sopanam is "OM RADHĀAI SWĀHA," the six lettered mantra.

SOPANAMS OF SRI SĀI KRISHNA MANDALAM
SVÉTA DWEEPAM - GOLOKAM - SĀI KRISHNA MANDALAM

FIRST SŌPĀNAM
Enclosure

PLATE - 1

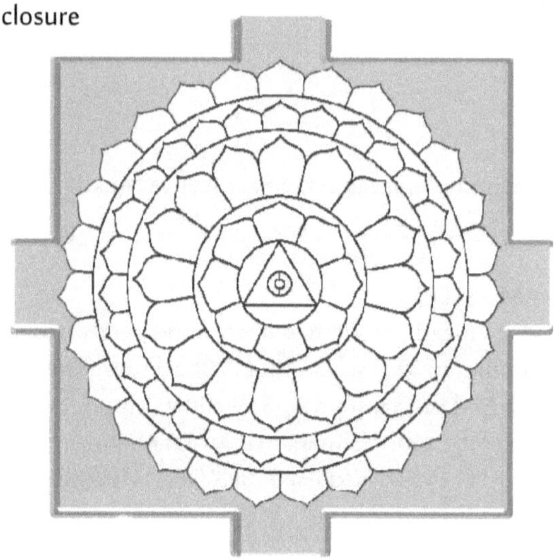

SECOND SŌPĀNAM

BHADRA KRISHNA
SAI GĀYATRI

PLATE - 2

SVÉTA DWEEPAM - GOLOKAM - SĀI KRISHNA MANDALAM

THIRD SŌPĀNAM

KĀMA GĀYATRI

PLATE - 3

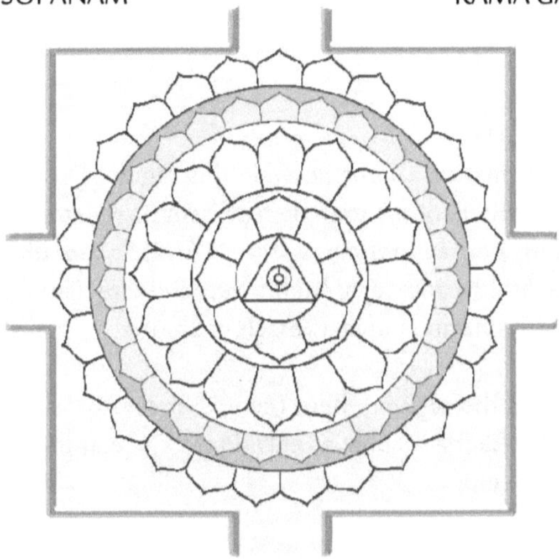

FOURTH SŌPĀNAM

PLATE - 4

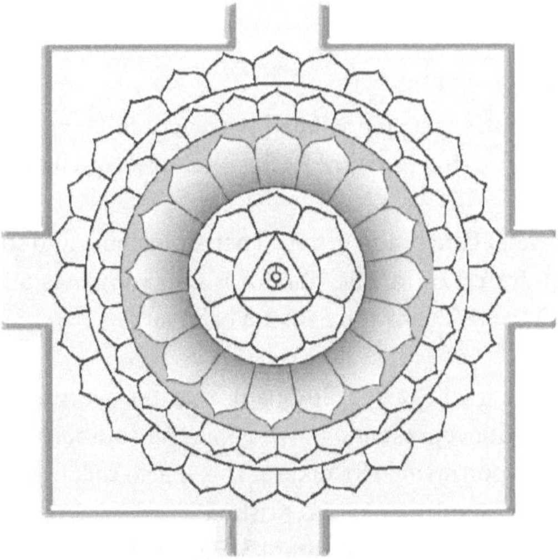

Prosody: Gayatri
Deity: Rādha
Sage: Maheswara
Seed: OM
Force: Swāha

SIXTH SŌPANAM (STEP)

The gold and white mixture colour pervade this region. OM sound pervades all the time. The three corners of the triangle represent three letters - Sreem, Hreem & Kleem, which in turn portray Brahma, Vishnu & Siva; Saraswati (Bhadra), Lakshmi and Parvati; Srusti, Sthithi and Laya; Moon, Sun and Fire; Satva Rajas and Thamo gunas; and Ida, Sushumna and Pingala vessels of Spirit.

The sixth sōpanam is the region where there is always blissful environment and provides the place for Rādha Madhava Leela (Play). The mantram of this sōpanam is "Om Sreem Hreem Kleem."

Prosody: Prathista
Deity: Sri Sai Krishna
Sage: Lakshminarayana
Seed: OM
Force: Adi Parasakthi.

This mantra gives all the siddhis and bliss and leads to liberation.

SEVENTH SŌPANAM (STEP)

The seventh and the ultimate step is filled with very brilliant white cool light and occupies the "Bindu" (Central Point) of Sri Sai Krishna Mandalam.

This represents Adwaita Para Brahma, the all pervading bliss and supreme spirit. This is the starting point for creation. The "Bindu" is also known as Sri Sai Krishna, Siva Narayana, Haryardha, Hari Hara and Sankara Nārāyana.

It is believed, according to Mastya Puranam, that the Northern Half of Bindu is reddish orange in colour representing Siva while the southern half of the Bindu is with pure blue colour portraying Hrishikesa. This is also called Ardhanareeswara.
The mantram for the seventh step is "Sāi Krishna".
This mantra is God created and would grant Sayujyam for the Seeker.

BHAGAVĀN SRI SATHYA SĀI KRISHNA

SVÉTA DWEEPAM - GOLOKAM - SÃI KRISHNA MANDALAM

FIFTH SŌPĀNAM

SHADASHARI

PLATE - 5

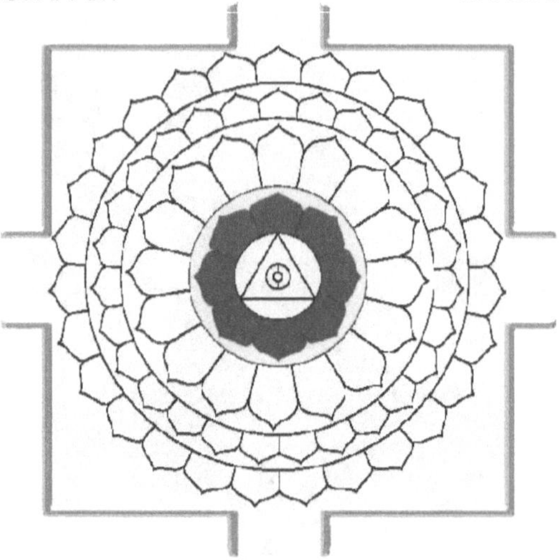

SIXTH SŌPĀNAM

TRIANGLE

PLATE - 6

SVÉTA DWEEPAM - GOLOKAM - SÃI KRISHNA MANDALAM

SEVENTH SŌPĀNAM DOT

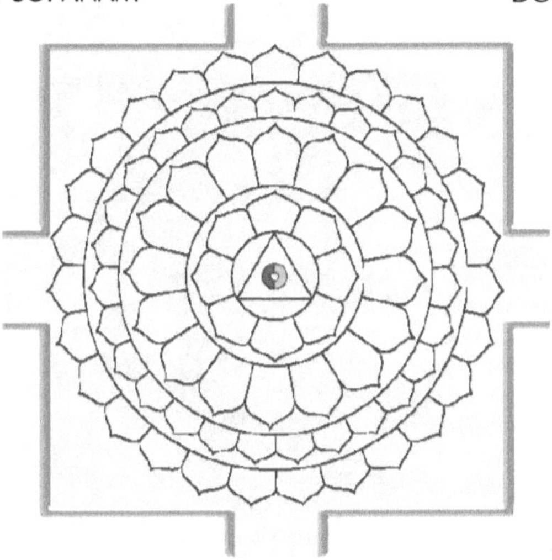

PLATE - 7

SVÉTA DWEEPAM (MANDALAM) - GOLOKAM

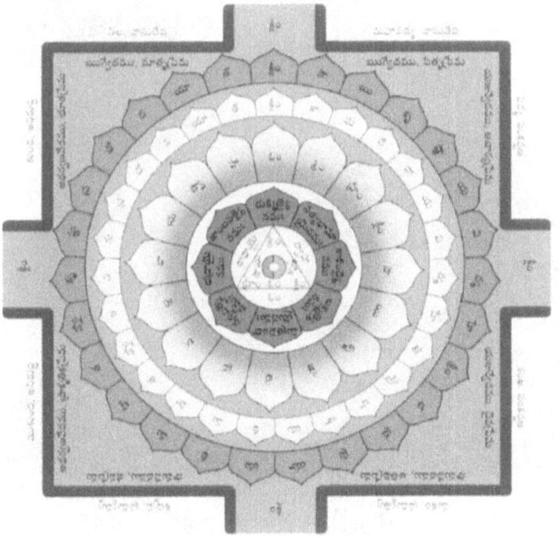

PLATE - 8

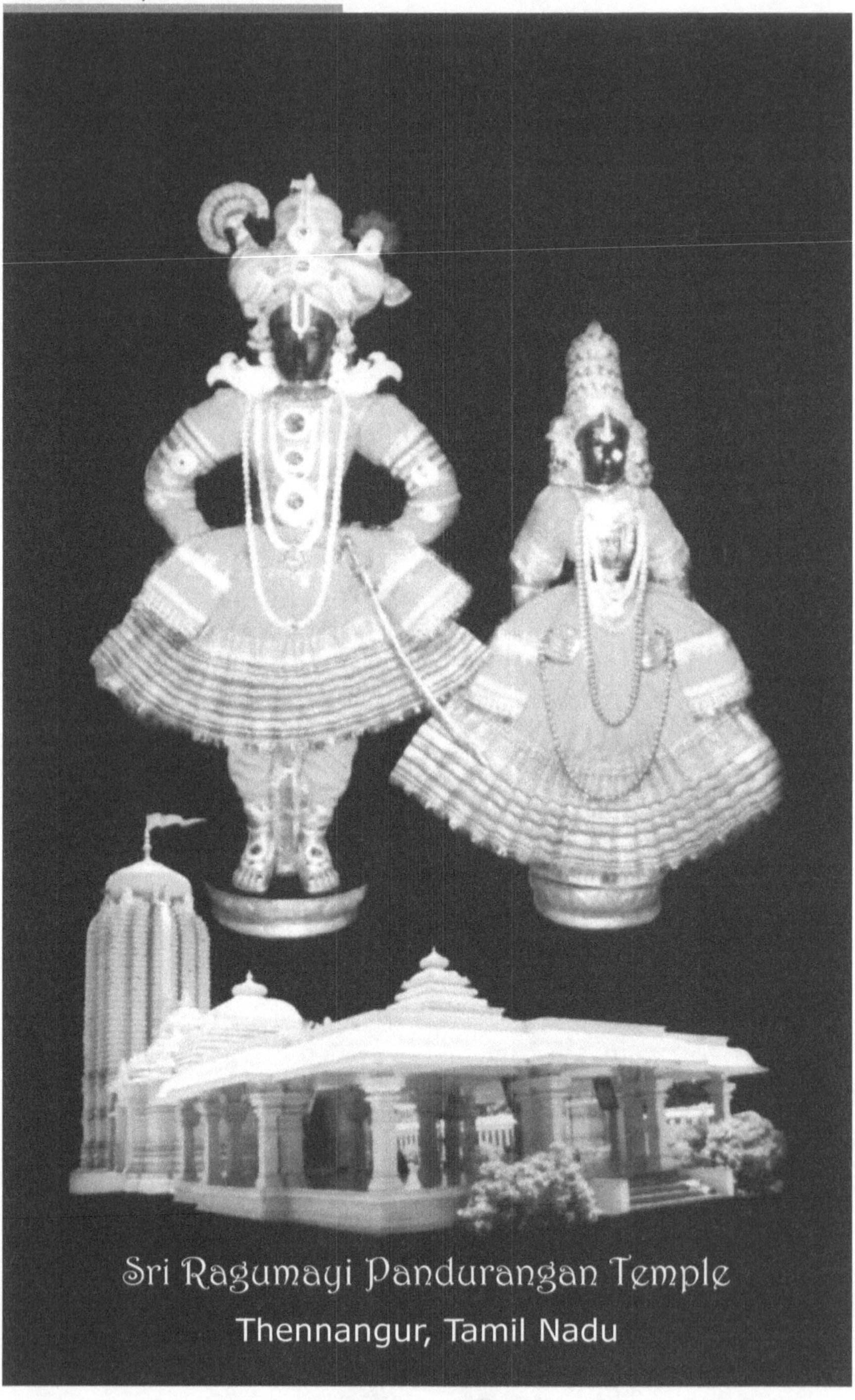

Radhé Krishna

SRI SĀI KRISHNA PARAMĀTMANÉ NAMAH

SRI SĀI KRISHNA PARAMĀTMANÉ NAMAH

ADORATION
Gurubrahma Gururvishnu Gururdevo Maheswaraḥ |
Guru Saakshaath Parabrahma Tasmai Sree Gurave Namaḥ ||

Pranamya Satyasāisam Ēswarāmbā Sutam Param | Bhakthimān Samsmaré Nityamayush Kāmārdha Sidhaé ||

Omkāra Bijaroopāya Satyasai Swarupiné | Pradhamāya Namasthubhyam satyasai Ganādhipa ||

Suklambara Dharam Vishnum Sasivarnam Chaturbhujam |
Prasanna vadanam Dhyaét Sarva vighnōpa Sānthayé ||

Vakrathunda Mahākāya surya koti samaprabha | Nirvighnam Kurumédéva Sarva Kāryéshu sarvadā ||

BHOOTASUDHI
Play the bell reciting the following mantras:

Āpasparantu Té Bhūtāh Bhutā Bhuvi Samsthitāḥ |
Eh Bhutā vighnakartāraḥ Té Gạchạntwājnayā Hareḥ

Tadéva Lagnam Sudinam Tadéva Tārābalam Chandrabalam Tadéva | Vidyābalam Daivabalam Tadéva Parthi Prabhō Téanghriyugam smarāmi ||

Light the lamp and decorate it with Sandalwood paste, flowers and yellow rice.

Suprakāsōmahādeepaḥ Sarvathasthimirāpaḥ |
Sabāhyā Bhyantarō Jyotiḥ Deepoyam Parigruhyatam ||

Apavitrah Pavitrovā Sarvāvasthām Gatopivā |
yḥsmaréth satyakrishnākhyam sa Bāhyābhyantharasuchiḥ ||

Meditate on Sri Sāi Krishna and sprinkle the holy water on the offerings of pooja, on the Sāikrishna mandala, on one's own head and the seat (āsanam), the earth and the surroundings while reciting the above mantra. This will purify the inner and outer environment of the devotee.

Āchamya

With each of the following mantra pour a spoonful of water into the right palm and sip the water after intoning the three names of **Sri Mahā Vishnu**

ōm kesavāya swāha
ōm nārāyānā swāha
ōm mādhvāya swāha
ōm govindāya swāha

Folding both palms in namaskaram, the devotee will utter the following names of **Lord Sri Mahā Vishnu:**

Ōm Visnavé namaḥ.
Ōm Madhusūdanāya namaḥ.
Ōm Trivikramāya namaḥ.
Ōm Vāmanāya namaḥ.
Ōm Sridharāya namaḥ..
Ōm Hrishikésāya namaḥ.
Ōm Padmanābhāya namaḥ.
Ōm Dāmodarāya namaḥ.
Ōm Sankarshanāya namaḥ.
Ōm Vāsudévāya namaḥ.
Ōm Pradyumnāya namaḥ.
Ōm Anirudhāya namaḥ.
Ōm purushottamāya namaḥ.
Ōm Adhoskhajāya namaḥ.
Ōm Nārasimhāya namaḥ.
Ōm Achyutāya namaḥ.
Ōm Janārdanāya namaḥ.
Ōm Upéndrāya namaḥ.
Ōm Harayé namaḥ.
Ōm Sri Krishnāya namaḥ.

Reciting the following mantra take yellow rice into your right hand and throw it on behind the left hand side or put the yellow rice along with a little water in your right hand and pour them into a metallic plate passing through the palm and front four fingers.

Uthistanthu Bhūthapisāchaḥ Éthe Bhūmibhārakāḥ |
Éthéshā mavirodhéna Brahma Karma samārabhé ||

Pranāyama (Rhythmic Breathing): (People who did not have Gayatri initiation need not do the following mantra)

PRANAVAM:

Om Bhūḥ, Om Bhuvaḥ, O Gum Suvaḥ, Om Mahaḥ
Om Janaḥ, Om Tapaḥ O Gum Satyam, Om Tatsavitur Varényam
Bhargō Dēvasya Dheemahi, Dhiyōyōnaḥ Prachōdpayāt
Omāpō Jyotirasōmrutam Brahma Bhoorbhu Vastuvarōm

SANKALPAM

Commitment to do pūja with your noble decision.

Mama upātha durithakshaya dwarā, Sri Bhagavān Satya SāiKrishna preetyardham, Subhé Sobhané Muhūrté, Sri Mahā Vishnōrajnayā, Pravarthamānasya, Ādya Brahmanaḥ Dwiteeya Parārdhé, Swéta Varāh Kalpé, Vaivaswata Manwantaré, Kaliyugé, Pradhamapādé Jamboodwēpē (Kraunchi dweepé), Bharata Khandé (America Khandé) Mērōh Dakshinadigbhāgé, Srisailasya ----- Digbhāgé, Krishnā ... ( ) Nadyōh Madhyapradésé, Shobhana grihé (Dēvālayé Ithyādi) Samastha Dévathā Brahmana Hari Hara Gurucharana Sannidhau Asmin Varthamāna vyāvahārika chāndramānéna ----- Nāma Samvatsaré ----- āyénē ----- thidhau ----- vāsaré ----- Subhanakshatré ----- Subhayōgé ----- Subhakarané Evam Guna Viséshana Visistayām Subha Thidhau Sriman (Srimaté) ----- Gotraḥ (Gotrā) ----- Namadhēyaḥ (Nāmadhiyā) ----- Dharmapatni Putrādi Samétaḥ (Patiputrādi saméthāyah) Mama Upātha Durithakshaya Dwāra Sri Bhagavān Sātya Sai Krishna mudhisya, Sri Bhagavan Satya Sai Krishna Prithyardhamcha, Asmākam Sakutumbānām Kshéma, Sthairya, Vijaya, Abhaya, Āyurārōgya Ayeshwaryābhi Vridyardham, mama Iha Janmani, Janmāntaréshu, Bālya yauvana kaumāra Vārdhakéshu, Jagaratswapna sushupthi Avasthāsu rahasi prakasé cha, Jnanātaḥ Ajnānathascha, Mayā Krutha Samastha, pāpaskhayārdham, Manōvanchā phala sidhyardham, Navagraha Dōsha Parihārardham, Chaturdasa Bhuvana Paripālakasya, Divyamangala Vigrahasya, satyadharma sthāpakasya, Satyadharma Sānti Prema murtéḥ, Bhagavataḥ, Sri Satya Sāi Krishna Paramātmanaḥ paripūrna Katāskhaprāpyardham, Déva Dévataswaroopa Bhagavān Sri Satya Sāi Krishna Mandala pūjām, Yadhaskthi, Shōdashōpachāraiḥ, Saparyākraména nirvarthishyé (leave water), Tadanga Kalasārādhanam Karishyē (leave water).

Place sandalwood paste, yellow rice, and flowers on the kalasam (water pot) and decorate it.

Kalasasya Mukhé Vishnuhu Kantté Rudra Samāsrhitāḥ | Mulé Tatra Sthitō Brahmā Madhyé Mātruganāḥ Smritaḥ Kushauthu sāgararsarvé Sapta Dweepā Vasundharā | Rugvédōadhayajurvēdah Samavédō Hyadharvanaḥ | Angaischa Sahitāssarvé Kalasāmbu samāsritaḥ Hasthénāchạya *(Put into the kalasam one flower and cover it with your right hand)*

Ā Kalaséshu Dhāvati Pavitré Parishichyaté Ukédhairyajnēshu Vardhaté. Ōm Āpovā Idagum Sarvam Viswabhutayāpaḥ prāna Vā Āpaḥ, pasava āpōannamāpō Amritamāpa samrādō Virādāpah Swarādāpaschandāgum Syāpō Jyotīgum shyāpō yajōgum shyāpa satyamāpassarvā Dévatā Āpō Bhūrbhu vassuvarāpaōm. *(Stir the water in the Kalasam with flower)*

Gangé cha Yamunéchaiva Godāvari Saraswathi |
Narmadé Sindhu Kāveri Jalesmin Sannidhim Kuru ||
Āyanthu sarvadévadévatā Bhagāvan Sri Satya Sai Krishna Pujārdham Durithakshaya Kārakāḥ Kalasōdakéna dévātmānam Pujādravyānicha samprōskhya ||
(Take out the water from the kalasam with the flower and sprinkle it on the Swāmi, on oneself and the offerings to be used for adoration)
Adaú Sri Satya " Saikrishna Mandala" Poojākrama Saparyā Nirvāhārdham
Sri Chaturāyana Pūjam cha Karishyé
(To carry out the adoration of Sri Satya Sāi mandala saparya(pooja) first we carry out pooja of the four corner dēvatas of Sri Krishna Mandalam)
Nairutécha ganésānam Suryam Vāyuya évacha |
Ēsāné lakshmi magnéyé sivam chaiva prapūjayēt ||
(In the south-west Lord Ganesa, in the North-West Lord Surya, in the North-East Mother Lakshmi and in the South-East Lord Siva are revered)

ADORATION OF GANESA

Beejāpoora Gadéskhu Kārmukarujā Chakrābja Pāsōtpala
Vrihyagra Swavishāna Ratnakalasa prōdyat Karāmbhōruḥ |
Dhyéyō Vallabhayā Sapadmakarayā Āslistō Jwelad bhooshayā
Viswōthpathi Vipathi Samsthithikarō Vighnésa Istārdhadaḥ |
Sri Mahāganapatim dhyāyami | Āvāhayāmi | Mahāganapatayénamaḥ
Āsanamsamarpayami | Pādyam samarpayāmi | Arghyam samarpayāmi |
| Madhuparkam Samarpayāmi | Snānam samarpayami | Āchamaneeyam samarpayāmi |

Vastrālankāran samarpayāmi | Yagnōpaveetam samarpayāmi | Gandham dhārayāmi |

Chant the following names of the Lord and offer the flowers at the end of each name:

Ōm Sumukhāya namaḥ | Ōm Ekadantāyana namaḥ |
Ōm Kapilāya namaḥ | Ōm Gajakarnikāya namaḥ |
Ōm Lambodarāya namaḥ | Ōm Vikatāya namaḥ|
Ōm Vighnarājāya namaḥ | Ōm Ganādhipāya namaḥ |
Ōm Dhumakétavé namaḥ | Ōm Ganādhyakshāya namaḥ |
Ōm Phālachandrāya namaḥ | Ōm Gajāya nāmaḥ |
Ōm Vakrathundāya namaḥ | Ōm Sūrpakarnāya namaḥ |
Ōm Héramhāya namaḥ | Ōm Skandapurvajāya namaḥ |
Ōm Hé Mahā Ganapaté namaḥ |
Nānāvidha Parimala Patra Pushpāni Samarpayami |
(Offer different scented flowers and leaves)

"Ōm Srim Hrim Klim Glaum Gam Ganapathayé
Vara Varada Sarvajanammé Vasamānayaswāḥ
Sri Pādukām Pujayāmi, Tharpayāmi Namaḥ.
(Repeating the above three times and each time offer flowers to the Lord's feet)

Sri Mahāganapathayé namaḥ | Dhūpamāghrāpayami
(offer incence) |Deepam Darsayāmi (show the light)
Naivédyam Samapayāmi (offer food and fruits to God) |
Madhyé Madhyé Paniyam Samarpyāmi
(Offer again pure water), Pādaprakshālanam,
Āchamaneeyam Samarpayāmi (wash the feet and offer water) |
Tāmbulam samarpayāmi (offer betel leaves with betel nut, cardamom, cloves and other scented edible seeds along with dakshina money) |
Karpūraneeranjānam samarpayāmi (show the flames of camphor) |
Ōm tatpurshāya Vidmahé Vakrathundāya Dheemahi Tannō Dantih Prachōdayāt |
Sri Mahāganapatyé namaḥ mantrapushpam samarpāyami (offer yellow rice and flowers after the recitation of the prayer to God) |
Pradakshina namskārān Samarpayāmi
(after 3 or 5 circumbulations, offer salutations) |
Samastha Rājōpachāra Dévōpachārān Samarpayāmi
(offer the yellow rice to the deity) |
Anayā Poojayā Bhagavān Sarva Dévātmakaḥ Sri Mahā Ganapathi
Supritaḥ Suprasannō Varadō Bhavathu.

ADORATION OF SURYA
Adhyārūddam Radhéndram Vasudala Sahité Vritta Shatkōna Madhyé
Bhāswantam Bhāskaram Tam Subhamasigadā Sankha Chakrābjya yugmam |
Védākāram Trimūrtim Trividha naya gunam Visvaroopam Purānam
Hrām Hrīm Hrūnkāra rūpam Suranutha manisam Bhāvaéthdhrusarojé ||
Ādityam Dhyāyami (meditate on Lord Surya) |
Āvāhayami (welcome) | Ādityāya Namaḥ (Salutation to Surya)|
Āsanam Samarpayāmi (offer seat) |
Pādyam Samarpayāmi (water offered for washing feet)|
Arghyam Samarpayāmi (water offered for washing hands)
Āchamaneeyam Samarpayāmi (offer pure water for drinking)
Madhuparkam Samarpayāmi (offer new cloth with turmeric) |
Snanam Samarpayāmi (give bath) |
Āchamaneeyam Samarpayāmi (offer pure water) |
Vastrālankarān Samarpayāmi (offer new clothes) |
Yagnopaveetham Samarpayāmi (offer the sācred thread)|
Gandhām Dhārayāmi (offer sandalwood paste) |

Chant the following names of the Lord offering flowers or yellow rice at the end of each name:
Ōm Mitrāya namaḥ. | Ōm ravayénamaḥ. | Ōm suryāya namaḥ. |
Ōm Bhanavénamaḥ. | Ōm Khagāya namaḥ. | Ōm Pūshné namaḥ. |
Ōm Hiranyagarbhāya namaḥ. | Ōm marichayé namaḥ. | Ōm Ādityāya namaḥ. | Ōm Savithré namaḥ | Ōm Ārkāya namaḥ. | Ōm Bhāskarāya namaḥ. |
Nānāvidha parimala patra pushpāni samarpāyami |
(offer different scented flowers and leaves)

"Ōm Srīm Hrīm Klīm Ōm Hrīm Ghrinḥi
Suryādityōm Prakāsa Shakti sahita Mārthānda
Bhairava Sri padukam pujyāmi tarpayāmi namaḥ."
(repeat this mantra three times)

"Ōm Bhāskarāya Vidmahé Mahā dutikārāya
dheemahi Tannō Ādityaḥ. Prachodayāt" |
Ōm Ādityāya namaḥ dhūpamāghrāpayāmi (offer incence)
Deepam darsayāmi (offer light) |
Naivédyam samarpayāmi (offer food and fruits) |
Madhyé Madhyé paneeyam, uttarāpōsanam,
hasta prakshālanam, Āchamaneeyam samarpayāmi |

(offer pure water for drinking & for washing hands)
Thāmbūlam Samarpāyami (offer betel leaf with betel nut, cardamom seeds, cloves and money) | Karpoora Neerājanam darsayāmi (show camphor light) |
Ādityāya namaḥ., Mantrapushpam samarpayami (offer yellow rice and flowers after the heartfelt prayer to God) |
Pradakshina Namaskarān samarpāyami (offer salutation after 3 circumbulations) | samastha rājopachāra Dévōpachārān samarpayāmi (offer yellow rice) | Anayā Pujayā Bhagavān Sarva dévātmakaḥ. Ādityāya Suprasannō varadō Bhavatu (Oh Lord Surya present in all the deities accept my payers and grant me the boons)

ADORATION OF SHRI MAHĀLAKSHMI
Padmāsané Padmakaré Sarvalokaika Poojité |
Nārāyana Priyé Dévi Supreetā Bhava Sarvadā ||
Kshīrōdadhi samudbhooté Kamalé Kamalālayé |
Susthirā Bhava Mé Géhé Surāsura namaskruté ||
Sri Mahālakshmi Dēvatam Dhyāyāmi (Meditate on Sree Māhalakshmi)|
Āvāhayāmi (invite her)| Ratna Simhāsanam Samarpayāmi (offer the seat to her) | Arghyam, Pādyam Samarpayāmi (offer water for washing feet and hands)| Āchamaneeyam Samarpayāmi (offer pure water) | Panchāmrita Snānam samarpayāmi (offer mixture of milk, curd,ghee,honey, and sugar)| Suddōdaka Snānam Samarpāyami (offer water for bath) |
Āchamaneeyam Samarpayami (offer pure water for drinking) | Vastrayugmam Samarpayami (offer sari with blouse) | Ābharanām Samarpayāmi (offer Jewelry) | Māngalyam Samarpayami (offer the small pieces of gold with yellow thread)| Gandhān Samarpayāmi (offer sandalwood paste) | Akshatan Samarpāyami (offer yellow rice)

Repeat the following names and offer flowers at the end of a each name:
Ōm chanchalāyaī namaḥ. | Ōm chapalāyaī namaḥ. |
Ōm sumukhāya namaḥ. | Ōm Sriyai namaḥ. |
Ōm pithambaradharāyai namaḥ. | Ōm kamala
Vāsinyai namaḥ. | Ōm padmālayāi namaḥ.|
Ōm madanamātré namaḥ. | Ōm Lalithāyainamaḥ. |
Ōm Kambukantaya namaḥ. | Ōm Sunāsikāyāi namaḥ.|
Ōm Sunētréyai namaḥ. | Ōm Rāmāyai namaḥ. |
Ōm Kamalālayāyai namaḥ. | Ōm Lakshmi Dėvyai namaḥ. |
Ōm Sri Mahālakshmi Dėvyai namaḥ. |

" Ōm Srim Hrīm Klim Ōm Hrīm Srīm
Kamalé Kamalalayé Praseeda Praseeda
Srīm Hrīm Srīm Ōm Mahalakshmīm Swahā "
(Repeat this mantram three times)
Sri Mahālakshmi Devyai namaḥ. Dhoopamaghrapayāmi (offer incence) |
Deepam Darsayāmi (show the light) | Naivédyam Samarpayāmi (offer food and fruit) | Madhyē Madhyē Pāneeyam Samarpayāmi (offer pure water) | Uttarāposanam, Hastha Prakhsālanam, Pada Prakshālanam Samarpayāmi (offer water for washing hands and feet) | Āchamaneeyam, Thamboolam Samarpayāmi (offer pure water for drinking and betel leaf with betel nut, cardamoms, cloves and money) | Karpooraneerajanam darsayāmi) |

"Ōm Mahādévyai cha Vidmahé Vishnupatnai cha Dheemahi Tannō Lakshmīh. Prachodayāt"

Sri Mahālakshmi Dévyai namaḥ mantrapushpam Samarpayāmi (offer flowers and yellow rice after reciting the prayer)| Pradakshina namaskāran Samarpayami (after circumbulation offer salutations) | Samastha Rājopachāra
Dévopacharan samarpayāmi (offer flowers and yellow rice) |
Anayā Poojayā Sarva dévātmaka Sri Mahālakshmih Supreetā Suprasannā Varadā Bhavatu (Oh ! Goddess Mahalakshmi present in all the Gods accept my prayers and grant me boons)

ADORATION OF SIVA

Mulé Kalpadrumasya Dhruthakanaka nibham chāru Padmāsanastham
Vāmānkārūdha Gaūrīnibida Kuchahabharābhoga gādōpagūdam |
Sarvālankārakāntam Varaparasu mrigābhithi Hastham trinétram
Vandé Baléndumaulim Gajavadana Guhāslistapārswam mahésam ||
Sāmba Paraméwaram dhyāyāmi (Meditate on Paramēswara)| Āvāhayāmi (welcoming Lord Siva) | Parameswarāyanamaḥ Āsanam samarpayāmi (offer the seat to Paremeswara) |
Pādyam Samarpayāmi (offer water) | Arghyam Samarpayāmi (offer fragrant water to wash his hands) | Āchamaneeyam Samarpayami (offer pure water for drinking) Madhuparkam Samarpayāmi (offer new cloth with turmeric) | Snānam Samarpayāmi (offer bath) | Āchamaneeyam Samarpayami (offer pure water) vastrālankaran Samarpayāmi (offer new clothes and Jewellery),
Yagnopaveetham Samarpayami (offer Sacred thread) | gandham dhārayāmi (decorate with chandanam) |

Repeat the following names and after each name offer flowers or white rice to Lord Siva:

Ōm Bhavāya Dévāyanamaḥ | Ōm Sarvāya Dévāyanamaḥ |
Ōm Ēsana Dévāyanamaḥ |
Ōm Pasupaté Dévāyanamaḥ | Ōm Rudrāya Dévāyanamaḥ |
Ōm Ugrāya Dévāyanamaḥ |
Ōm Bheemāya Dévāyanamaḥ | Ōm Mahaté Dévāyanamaḥ |
Ōm Parameswarāyanamaḥ |
Nānāvidha Parimala Patra Pushpani samarpayami *(offer different fragrant flowers and leaves)*

"Ōm Srīm Hrīm Klīm Ōm Eim Hrīm Srīm Namasivāya, Samba Paraméswara Sri Padukam Poojayāmi tarpāyami Namaḥ|" *(repeat this mantra three times)*

Paraméswarāyanamaḥ Dhūpamāgrāpāyami (offer incense) | Naivédyam samarpayāmi (offer food and fruits) | Madhye Pāneeyam Samarpayāmi (offer water) | Pādaprakshālanam, hasthaprakshālanam samarpayami (offer water for washing hands and feet) | Thāmbūlam cha samarpayāmi (offer betel leaves with betel nut, cardamom seeds, cloves and money) | Karpoora Neerānjanam darsayāmi(show the camphor light) Anayā Pūjayā Bhagavān Sarvadévāthmakaḥ Sāmba Paraméswaraḥ Supreetaḥ Suprasannō Bhavathu (Oh ! Lord Siva, you are present in all the divinities, please accept my prayers and grant me the boons) |
Abhīstam Siddhim mé déhi Saranāgatha Vastalé Bhaktyā Samarpayé Tubhyam Chathurāyatanārchanam || (Oh Protector of devotees,accept my devotional prayers offered through adoration of Ganésa, Surya, Mahālakshmi and Siva and grant me my desires)

Ithi Sāmanyarghyōdakéna Dévyā Vāma hasthé poojām Samarpayét *(pour some water with the right hand into a plate and offer the oblations to God).*

SAPARYA OF SRI SVÉTADWEEPA SĀI KRISHNA
(Sāi Krishna Mandala Saparya)
Ōm Asya Srī Prāna Pratistāpana Mahā Mantrasya Brahma Vishnu Mahéswarā Rushayah Rugyaju Sāmādharvanaḥ chandāmsi, Prānaḥ Sakthiḥ, Parādēvatā, Srim Bējam, Hrim Sakthiḥ, Klīm Kīlakam Srī Sāi Krishna Prāna Pratistā Japé viniyōgaḥ.

Karanyāsaḥ: *(touch the index fingers of both your hands by your thumbs)*
Ōm Srīm Angustābhyām namaḥ
Ōm Hrīm Tarjnibhyām namaḥ
Ōm Klīm Madhyamābhyām namaḥ
Ōm Srīm Anāmikābhyām namaḥ
Ōm Hrīm Kanistikābhyām namaḥ
Ōm Klīm Karatala Prustābhyām namaḥ

Anganyāsaḥ: *(touch the specific body parts with both your hands)*
Ōm Srīm Hridayāya namaḥ
Ōm Hrīm Siraséswāḥ
Ōm Klīm Sikhāyai Vashat
Ōm Srīm Kavachāya hum
Ōm Srīm Hrīm Klīm Astrāya phat Bhoorbhuvastuvarōm Ithi Dighbandhaḥ

Dhyanam (Ōm)
Swapné Jagarané Saswatkrishna Dhyāna Rataḥ Sivaḥ |
Yadhā Krishna Sthadhā Sambhurnabhédo Mādhavésayōh ||
Yadhā Sambhur Vaishnavéshu yadhā Dévéshu Mādhavaḥ |
Tadhédam Kavacham Vasta Kavachéshu Prasasthakam ||
Srīsam Kamalapatrāskham Ēswarmbā Sutam Sāim |
Namāmyaham Lakshmībhadrādi Vallabham SāiKrishnam ||
Mōksha Samprāptayé Sāim Namāmi Prémaswarūpam |
Trimurtyātmakam Sāim Nāmāmi Advaitaroopam ||
Ōm Srīm Hrīm Klīm Sri Sāikrishna Prāna
iha Prāna Ōm Srīm Hrīm Sri Sāikrishna
Sarvéndriyāni Vāngmanasa Chakshu Srōtra
Jihvāghrāna, Ihaivāgatya, Sukham Chiram Thistantu Swāha |
Ōm Asunēthé Punarasmāsu Chakshuḥ Prānamiha
nō Déhi Bhōgam Jyokpasyéma Sūrya Muchranta manumathé
mridayāna Swasthi amritamvai
Pranā amritamapāḥ Prānānéva yadāsthāna mupahvayaté ||

ĀVĀHANAM (invitation)
Ōm Sahasrasīrshā Purushaḥ Sahasrāksha Sahasrapāth |
Sa Bhoomim Viswatō Vrutwā Atyathistadhasāngulam ||
Agachāḥnantha Dévésa Téjorāsé Jagatpathé |
Emām Mayā Krutam Pūjam Gruhāna Surasattama ||
Āvāhayāmi Sri Sāi Krishnam Karunākaram |
Sādhvim Ēswarāmbā Garbha Sambhava Sāi Krishnam ||
Pushpam Samarpayāmi

ĀSANAM (offering the seat)
Ōm Purusha Évedagum Sarvam Yadbhūtam Yacḥa Bhavyam |
Utamrutatvasyésānḥ Yadannénā thirōhathi ||
Anéka Ratnakhaḥchitam Mukthāmani Vibhūshitam |
Swarnasimhāsanam Chāru Sāi Krishnānugruhyatam ||
Déva Déva Sri Sāi Krishna Parabrahmanénamaḥ
Swarna Ratna Simhāsanam samarpayāmi.

PĀDYAM (washing feet with water)
Ētavānasya mahimā Atō Jyāyāgunscha Pūrushaha
Pādosya Viswabhootani Tripādasyāmrutam divi ||
Gangādi Sarva teerthébhya Āhrutam Vimalam Jalam |
Sai Krishna Sukhasparsyam Pādyārdhamupa yujyatām ||
Sri Sai Krishna Parabrahmanénamaḥ, Pādayōḥ
Pādyam Samarpayāmi.

ĀRGHYAM (oblation or offering to God)
Ōm Tripādūrdhva Udaihpurushah Padōsyēhābhavāth Punah |
Tatō Vishvajyakrāmath Sāsanāsané Abhi ||
Namasatyāya Sudḥāya Nityāya Jnāna rupiné |
Arghyam gruhāna Bhagavan gandhapushpāskhatairyutam ||
Déva Dévātidéva Sri Sāi Krishna Parabrahmanēnamaḥ |
hasthayōḥ arghyam Samarpayami ||

ĀCHAMANEEYAM (offer water for sipping)
Ōm Tasmādwirādajāyata Virājō Adhipūrushaḥ |
Sa Jatōtyarichyata Paschādbhoomimadhōpuraḥ ||
Āphéinilamidam Sētam Suvarnakalasasthitam |
Thōyamāchamyatām Déva Sai Krishnārpitam Mayā ||
Sāi Krishna Parabrahmanénamaḥ Āchamaneeyam Samarpayāmi

MADHUPARKAM *(mixture of honey, milk or curds and a new cloth marked with turmeric)*
Dhadhiskhīra ghrutōpétam Sarkarā madhu samyutam |
Madhuparkam Gruhānédam Mahaneeya Mahagurō ||
Sri Saikrishna Bhagavaté Madhuparkam Samarpayāmi.

PANCHĀMRITA SNĀNAM: *(give bath with a mixture of curds, milk, ghee, honey, sugar and coconut kernel)*
Ananta guna gambhira viswaroopa ghanāghana |
Panchāmrutaischa Vidhivastnāpayāmi Dayānidhé ||
Prasānti Nilayāvāsa Puttaparthi (Brindāvana)
Puriswara | Panchāmruta Snānamidam gruhāna Paraméswara ||
Déva Déva Sāi krishnāyanmaha Panchāmruta
Snānam Samarpayāmi.

NĀRIKÉLA PHALŌDAKA SNĀNAM *(give bath with the milk of the coconut)*
Sarva Tirtha Mayānantha Sarva Dévamayachyutha |
Snāpayāmi Satya Sai Krishna Tvām Nārikélaphalāmbunā ||
Bhagavaté Sri Satya Sai Krishnāya Nārikélaphalōdaka Snānam Samarpayāmi.

SUDHŌDAKA SNĀNAM *(give bath with clean and pure water)*
Ōm Yatpurushéna havishā Dévā Yajnamatanvatha |
Vasantō Asyāsidājyam greeshma Idhmasaradhaviḥ ||
Gangādipunya tirthébhya Samānēthamidam Jalam
Snānārtha Mupakluptham thé gruhyatām Sāi Krishna Prabhō ||
Ōm Āpōhistamayō Bhuvaḥ Tāna ūrjé Dadhātana |
Mahéranāya Chakshasé yó Vassivathamō Rasaḥ ||

Tasya Bhajayaté Hanaḥ Usathīriva Mātharaḥ |
Tasmāranga Māmavō yasyakshayāya Jinvadha
Āpō Janayadhāchanaḥ ||
Sri Sai Krishna Paramātma né namaḥ Sudhōdaka Snānam Samarpayāmi.

VASTRAM *(offering of cloth to wear as dress)*
Ōm Saptāsyāsansparidhayaḥ Trisapta Samidhaḥ Kritāḥ |
Dévā yadyajnam Tanvānāḥ Abadhnanpurusham Pasum ||
Kshāumam Peetāmbaram Divyam Dévatarhām sumangalam |
Gruhyatām Déva Dévésa Bhaktyā Paramayārpitam ||
Sree Sai Krishna Paramātma né namaḥ Vastrayugmam Samarpayāmi.

YAJNŌPAVEETAM *(offering the sacred thread to wear)*
Ōm Tam Yajnam Barhi Shiprauskan Purusham Jāthamagrataḥ |
Téna Dévā Ayajanta Sādhyā Rushayascha yé ||
Rājatam Brahmasūtramcha Kānchanām chōttarīyakam |
Gruhitvā Sri Sāi Krishna Trāhimām Bhavasāgarāt ||
Sri Sai Krishnāya namaḥ, yajnōpaveetam Samarpāyami.

GANDHAM *(offering the perfumed sandal wood paste)*
Ōm Tasmādyajnāsarvahutaḥ Sambhrutam Vrushadājyam |
Pasugum Sthagumschakré Vāyavyān Aranyān gramyāmschayé ||
Srikḥandam Chandanam Divyam gandhādyam sumanoharam |
Vilépanam Sāi Krishna preetyardham prati gruhyatam ||
Déva Déva Sri Sāi Krishna Parabrahmané namaḥ Divya Sri Chandanam Samarpayami.

ĀKSHATĀH *(offering of yellow rice)*
Ōm Tasmādyajnā Sarvahutaḥ Rujasāmāni Jajiré |
Chandāgumsi Jagiré Tasmāt Yajutamādajayāta ||
Akshatan Dhavalān Divyān Saliyām Sthandulān Subhān |
Haridrāchūrna Samyuktān Samgruhāna Sāi Krishna ||
Sri Sai Krishna Paramātmané namahaḥ gandhasyopari Akshatan samarpayāmi.

PUSHPAI PŪJAYĀMI *(offering flower)*
Ōm Tastmādaswā Ajāyanta ekéchō bhayātaḥ |
Gāvōha Jajiré Tasmāt Tasmāt jātā Ajāvayaḥ ||
Sugandhīni Supushpāni Jātīkunda Mukhānicha |
Malātivakuladini Pūjārdham Pratigruhyatam ||
Sri Sāi Krishna Bhagavaté namaḥ Pushpaiḥ Poojayāmi, Bilvadalam Samarpayāmi, Tulasidalam Samarpayāmi.

ADORATION OF SRI SAI KRISHNA MANDALAM

Peetapūjām cha karishyé:

After reciting each of the following names offer flowers and/or yellow rice to the seat of worship when we are going to invite the God to take the seat:

Ōm Golōkāya namaḥ | Ōm Prākāradevatāya namaḥ | Ōm Saptaprakāram Chathurdwārakam| Mahā Padma Madhyé Swarna Mandapam Pūjayét | Ōm Pragāmnāyam Poorva Dwāré Vāmadévāya namaḥ | Ōm Paschimamnāyam Paschima dwarē Pradumnāya namaḥ | Ōm Uttarāmnāyam Uttara dwāré Sankarshanāya namaḥ | Ōm Dasadikpālakébhyō namaḥ | Ōm Indrāya namaḥ | Ōm Agnayé namaḥ | Ōm Ēsāyānāya namaḥ | Ōm Brahmané namaḥ | Ōm Anantāya namaḥ | Ōm Mahāpadmāya namaḥ | Ōm Sankhāya namaḥ | Ōm Makarāya namaḥ | Ōm Kachapāya namaḥ| Ōm Mukundāya namaḥ | Ōm Kundāya namaḥ | Ōm Nilāya namaḥ | Ōm Urdhvāya namaḥ| Ōm Padmāya namaḥ | Ōm Adhōbindupālakāya namaḥ | Ōm Golēkésa satasrunga Parvatāya namaḥ | Ōm Golēké Rāsamandalāya namaḥ | Ōm Golēka Madhyē Mahā Padmarājaya namaḥ | Ōm Mahāpadma Rāja Madhyé Ratna Simhāsanāya namaḥ | Ōm Ratnasimhāsanōparisthithāya Rāsarāsēswara, Gōpa Gōpéswara Astamahishi Rādhā Rāni Sahita, Gopagōpi Sévita Sri Sāi krishna Bhagavaté namaḥ | Pushpai Pūjayāmi.|

ĀVARANĀRCHANA *(ceremonial worship of the enclosures or steps)*

PRADHAMA SŌPĀNAM (First Step)

Ōm Srīm Hrīm Klīm Rugvédāya namaḥ
Ōm Srīm Hrīm Klīm Yajurvédāya namaḥ
Ōm Srīm Hrīm Klīm Sāmavédāya namaḥ
Ōm Srīm Hrīm Klīm Adharvana Védāya namaḥ
Ōm Srīm Hrīm Klīm MātruPrémné namaḥ
Ōm Srīm Hrīm Klīm Pithru Prémné namaḥ
Ōm Srīm Hrīm Klīm Ācharya Prémné namaḥ
Ōm Srīm Hrīm Klīm Daiva Prémné namaḥ
Ōm Srīm Hrīm Klīm Athidi Prémné namaḥ
Ōm Srīm Hrīm Klīm Jeeva Prémné namaḥ
Ōm Srīm Hrīm Klīm Prākruthika Prémné namaḥ

Ōm Srīm Hrīm Klīm Bhoota Prémné namaḥ
Ōm Srīm Hrīm Klīm Rādha Dévyai namaḥ
Ōm Srīm Hrīm Klīm Krishna Priyāyai namaḥ
Ōm Srīm Hrīm Klīm Raséswarāya namaḥ
Ōm Srīm Hrīm Klīm Gopésāya namaḥ
Ōm Srīm Hrīm Klīm Nirgunāya namaḥ
Ōm Srīm Hrīm Klīm Krishna Poojitāya namaḥ
Ōm Srīm Hrīm Klīm Moola Prakrutyai namaḥ
Ōm Srīm Hrīm Klīm Sarvéswaryai namaḥ
Ōm Srīm Hrīm Klīm Vishnu Jananyai namaḥ

DWITEEYA SOPĀNAM (Second Step)
BHADRĀ KRISHNA SĀI GAYATRI
DHYANAM:
Sarva Prémamaīm Sāi Krishnam
Sistāchāra gruhadharma Suposhakam |
Sachidānanda Sāi Vigraham
Hari Hara Sakthi Roopina Mupāsmahé ||
Sarvāntaryāmi Sāi Krishnam
Rādhābhadrādi Vallabham |
Kāmānanda Vigraham
Pranamāmi Sai Krishnam ||

Offer flowers after each recitation of each name:
Ōm Srīm Hrīm Klīm Suryāya namaḥ
Ōm Srīm Hrīm Klīm Sushumnāya namaḥ
Ōm Srīm Hrīm Klīm Sri Hrushīkésāya namaḥ
Ōm Srīm Hrīm Klīm Viswakarmané namaḥ
Ōm Srīm Hrīm Klīm Sampadwasāya namaḥ
Ōm Srīm Hrīm Klīm Ārvāgyāya namaḥ
Ōm Srīm Hrīm Klīm Swarādwasāya namaḥ
Ōm Srīm Hrīm Klīm Sri Gāyatri Dévatāyai namaḥ
Ōm Srīm Hrīm Klīm Agnai namaḥ
Ōm Srīm Hrīm Klīm Vāyavé namaḥ

Ōm Srīm Hrīm Klīm Sōmāya namaḥ
Ōm Srīm Hrīm Klīm Ēsānāya namaḥ
Ōm Srīm Hrīm Klīm Ādityāya namaḥ
Ōm Srīm Hrīm Klīm Bruhaté namaḥ
Ōm Srīm Hrīm Klīm Pitré namaḥ
Ōm Srīm Hrīm Klīm Bhargāya namaḥ
Ōm Srīm Hrīm Klīm Aryamné namaḥ
Ōm Srīm Hrīm Klīm Savitré namaḥ
Ōm Srīm Hrīm Klīm Twashtré namaḥ
Ōm Srīm Hrīm Klīm Pushtyai namaḥ
Ōm Srīm Hrīm Klīm Indrāya namaḥ
Ōm Srīm Hrīm Klīm Vāyavé namaḥ
Ōm Srīm Hrīm Klīm Vāmadévāya namaḥ
Ōm Srīm Hrīm Klīm Mitrā Varunābhyam namaḥ
Ōm Srīm Hrīm Klīm Dhatré namaḥ
Ōm Srīm Hrīm Klīm Viswadévāya namaḥ
Ōm Srīm Hrīm Klīm Vishnavé namaḥ
Ōm Srīm Hrīm Klīm Vāsavāya namaḥ
Ōm Srīm Hrīm Klīm Sarva Dévébhyo namaḥ
Ōm Srīm Hrīm Klīm Kubérāya namaḥ
Ōm Srīm Hrīm Klīm Asvibhyām namaḥ

Ōm Srīm Hrīm Klīm Brahmané namaḥ
Ōm Srīm Hrīm Klīm Krishnāya namaḥ
Ōm Srīm Hrīm Klīm Sāi Krishnāya namaḥ
Ōm Srīm Hrīm Klīm Sāi Rāmāya namaḥ
Ōm Srīm Hrīm Klīm Sāi Ēswarāya namaḥ
Ōm Srīm Hrīm Klīm Bhadrāpriyāya namaḥ
Ōm Srīm Hrīm Klīm Radhā Krishnāya namaḥ
Ōm Srīm Hrīm Klīm Trimurti Roopāya namaḥ
Ōm Srīm Hrīm Klīm Trigunātmakāya namaḥ
Ōm Srīm Hrīm Klīm Tritatwāya namaḥ
Ōm Srīm Hrīm Klīm Sivāya namaḥ

BHADRĀ KRISHNA SĀI GAYATRI
"Klīm Sāi Krishnāya Vidmahé
Srīm Bhadrāpriyāya Dhimahi
Tannō Krishnaḥ Prachōdayāt"
(recite three times and offer flowers)
Ithi Triḥ Santarpayéth. Puspānjali Samarpayāmi.

TRUTEEYA SOPANAM (Third Step)
Dhyānam:
Krishna mantrōpāsakascha Brāhmanaḥ Svapachōpivā |
Brahmalōkam Samulunghya yāti Golōkamuttamum ||
Brahmanā Pūjitah Sōpi Madhuparkādi nāchayaḥ |
Sthuthaḥ Suraischa Siddhaischa Paramānanda Bhāvanaḥ ||
Phullēndīvara Kānti mindu Vadanam Barhāvātamsa Priyam |
Sri Vastānka Mudāra Kaustubha dharampītambaram Sundaram ||
Gopīnām Nayanōthpalārchita Tanum Gōgōpa Sanghāvrutam |
Gōvindam Karavénu Vādanaparam Divyānga Bhūsham Bhajé ||
Chintamani Prakarasadmasu Kalpa Vruksha |
Lakshā Vrutéshu Surabhim Paripālayantam ||
Lakshmi Sahasrasata Sambhrama Sévyamānam |
GōvindamādiPurusham Tamaham Bhajāmi ||
Vénum Kvananthamaravinda Dalāyathāksham |
Barhā Vatamsa Masitambuda Sundarāngam ||
Kandarpakōti Kamaneeya Visésha Sōbham |
GovindamādiPurusham Tamaham Bhajāmi ||

Offer flowers after recitation of each name:
Ōm Srīm Hrīm Klīm Kāmadévāya namaḥ
Ōm Srīm Hrīm Klīm Pushpa Bānāya namaḥ
Ōm Srīm Hrīm Klīm Brahmadévaya namaḥ
Ōm Srīm Hrīm Klīm Késavāya namaḥ
Ōm Srīm Hrīm Klīm Nārāyanāya namaḥ
Ōm Srīm Hrīm Klīm Mādhavāya namaḥ
Ōm Srīm Hrīm Klīm Govindāya namaḥ
Ōm Srīm Hrīm Klīm Vishnavé namaḥ
Ōm Srīm Hrīm Klīm Madhusūdanāya namaḥ
Ōm Srīm Hrīm Klīm Trivikramāya namaḥ
Ōm Srīm Hrīm Klīm Vāmanāyana namaḥ
Ōm Srīm Hrīm Klīm Sridharāya namaḥ
Ōm Srīm Hrīm Klīm Hrishikésāya namaḥ
Ōm Srīm Hrīm Klīm Padmanābhāya namaḥ
Ōm Srīm Hrīm Klīm Dāmodarāya namaḥ
Ōm Srīm Hrīm Klīm Sankarshanāya namaḥ
Ōm Srīm Hrīm Klīm Vāsudévāya namaḥ
Ōm Srīm Hrīm Klīm Pradyumnāya namaḥ
Ōm Srīm Hrīm Klīm Anirudhāya namaḥ
Ōm Srīm Hrīm Klīm Purushottamāya namaḥ
Ōm Srīm Hrīm Klīm Adōskhajāya namaḥ
Ōm Srīm Hrīm Klīm Nārasimhāya namaḥ
Ōm Srīm Hrīm Klīm Achuthaya namaḥ
Ōm Srīm Hrīm Klīm Janārdanāya namaḥ
Ōm Srīm Hrīm Klīm Upéndrāya namaḥ
Ōm Srīm Hrīm Klīm Harayé namaḥ
Ōm Srīm Hrīm Klīm Sri Sai Krishnāya namaḥ

KĀMA GAYATRI: ŌM
"Klīm Kamadévāya Vidmahé
Pushpa Bānāya Dheemahi
Tannō'nangaḥ Prachōdayāt"
(recite the mantra three times and offer flowers)

CHATHURDHA SŌPĀNAM (Fourth Step)
SĀI KRISHNA SHODASI

Dhyānam:
Brahmaswarūpā Paramā Jyotiroopā Sanātani |
Sarva Vidyādhi dévē yā Tasyai Vānyai Namō Namaḥ ||
Brahma Vishnu Sivādīnām Poojyām Vamdyām Sanātaneem |
Narāyanīm Vishnumāyām Vaishnavēm Vishnu Bhakthidām ||
Sarva Rūpāncha Sarvéshām Sarvādhārām Parāthparām |
Sarva Vidyā Sarva Mantra Sarva Sakthi Swarūpinēm||
Sagunām Nirgunām Satyām Varām Swéchāmayeem Satīm |
Mahā Vishnōscha jananeem Krishnasyārdhé samudbhavam ||
Krishnapriyām Krishna sakthim Krishnā Budhyadhi Dévatam |
Krishnastutām Krishna Pūjyām Krishna Vandyām Kripāmayeem ||

After recitation of each name offer flowers to God:
Ōm Srīm Hrīm Klīm Shōdasa Kalāpūrnāya namaḥ
Ōm Srīm Hrīm Klīm Kamākarshinyai namaḥ
Ōm Srīm Hrīm Klīm Budhyākarshinyai namaḥ
Ōm Srīm Hrīm Klīm Sabdākarshinyai namaḥ
Ōm Srīm Hrīm Klīm Ahamkārākarshinyai namaḥ
Ōm Srīm Hrīm Klīm Sparsākarshinyai namaḥ
Ōm Srīm Hrīm Klīm Roopākarshimyai namaḥ
Ōm Srīm Hrīm Klīm Rasākarshinyai namaḥ
Ōm Srīm Hrīm Klīm Chittākarshinyai namaḥ
Ōm Srīm Hrīm Klīm Gandhākarshinyai namaḥ
Ōm Srīm Hrīm Klīm Dhairyākarshinyai namaḥ
Ōm Srīm Hrīm Klīm Smrityākarshinyai namaḥ
Ōm Srīm Hrīm Klīm Nāmākarshinyai namaḥ
Ōm Srīm Hrīm Klīm Bijākarshinyai namaḥ
Ōm Srīm Hrīm Klīm Ātmākarshinyai namaḥ
Ōm Srīm Hrīm Klīm Amrutākarshinyai namaḥ
Ōm Srīm Hrīm Klīm Sarvākarshinyai namaḥ
Ōm Srīm Hrīm Klīm Shōdasa nityā dévāta sévitāyai namaḥ
Ōm Srīm Hrīm Klīm Kāméswaryai namaḥ
Ōm Srīm Hrīm Klīm Bhagamālinyai namaḥ
Ōm Srīm Hrīm Klīm Nityaklinnāyai namaḥ
Ōm Srīm Hrīm Klīm Bhērundāyai namaḥ
Ōm Srīm Hrīm Klīm Vahnivāsinyai namaḥ

Ōm Srīm Hrīm Klīm Mahāvajréswaryai namaḥ
Ōm Srīm Hrīm Klīm Dootyai namaḥ
Ōm Srīm Hrīm Klīm Twarityai namaḥ
Ōm Srīm Hrīm Klīm Kulasundaryai namaḥ
Ōm Srīm Hrīm Klīm Nityai namaḥ
Ōm Srīm Hrīm Klīm Neelapatākāyai namaḥ
Ōm Srīm Hrīm Klīm Vijayāyai namaḥ
Ōm Srīm Hrīm Klīm Sarva managalāyai namaḥ
Ōm Srīm Hrīm Klīm Jwālamālinikāyai namaḥ
Ōm Srīm Hrīm Klīm Chitrāyai namaḥ
Ōm Srīm Hrīm Klīm Prakrutyai namaḥ
Ōm Srīm Hrīm Klīm Vikrutyai namaḥ
Ōm Srīm Hrīm Klīm Ādipārāsakthyai namaḥ

SRI SĀI KRISHNA SHODASI:
"Ōm Srīm Hrīm Klīm Sāi Krishna Bhadrā Vallabhāya Swāha"
Repeat three times and offer flowers.

PANCHAMA SOPANAM (Fifth Step)

SHĀDAKSHARI
Dhyānam:
Mayā Drustam cha gōlōké Brahmanā Vishnunā Purā |
Ōm Rādhéthi Chathurdhyantam Vahnijāyanti Méva Cha ||
Krishnénopāsitō Mantrah Kalpavrikshah Sirōvatu |
Ōm Srīm Hrīm Rādhikām Jéntam Vahnijāyanti Méva Cha |
Prāchyām Rakshatu Sā Rādhā Vahnau Krishna Priyāvatu ||
Dakshé Rāséswari Pātu Gōpisā Nairute Vatu ||
Paschimā nirgunā pātu vayavyé krishnapoojita |
Uttaré santhatham pāthu mūlaprakrutireeswarī ||
Sarvéswari Sadaisānyām Pātu Mām sarvapūjitā |
Jalé Stalé Chā Antrikshé Swapné Jagarané Tadhā |
Mahā Vishnōscha Jananē Sarvataḥ Pātu Santatam |
Vaishnavēm Vishnumāyam Krishna Prémamaēm Subhām |
Rāsa Rāsésyarayutām Rādhām Rāsa mandala madhyastham
Ratna simhasana sthitham Rāsēswarīm Bhajē ||
After recitation of each name offer flowers or yellow rice.
Ōm Srīm Hrīm Klīm Rādhāyai namaḥ

Ōm Srīm Hrīm Klīm Krishnāyai namaḥ
Ōm Srīm Hrīm Klīm Rukminyai namaḥ
Ōm Srīm Hrīm Klīm satyabhāmāyai namaḥ
Ōm Srīm Hrīm Klīm Nagnajityai namaḥ
Ōm Srīm Hrīm Klīm Kālindyai namaḥ
Ōm Srīm Hrīm Klīm Mitravindāyai namaḥ
Ōm Srīm Hrīm Klīm Lakshanāyai namaḥ
Ōm Srīm Hrīm Klīm Bhadrāyai namaḥ
Ōm Srīm Hrīm Klīm Jāmbavtyai namaḥ
Ōm Srīm Hrīm Klīm Dévakyai namaḥ
Ōm Srīm Hrīm Klīm Vasudévayai namaḥ
Ōm Srīm Hrīm Klīm Nandāyai namaḥ
Ōm Srīm Hrīm Klīm Yasodāyai namaḥ
Ōm Srīm Hrīm Klīm Balabhadrai namaḥ
Ōm Srīm Hrīm Klīm Subhadrāyai namaḥ
Ōm Srīm Hrīm Klīm Gōpébhyō namaḥ
Ōm Srīm Hrīm Klīm Gopikābhyō namaḥ
Ōm Srīm Hrīm Klīm Rāséswaryai namaḥ
Ōm Srīm Hrīm Klīm Sarvéswaryai namaḥ
Ōm Srīm Hrīm Klīm Mahāvishnōscha Jananyai namaḥ
Ōm Srīm Hrīm Klīm Mūlaprakrutyai namaḥ
Ōm Srīm Hrīm Klīm Krishnapoojitai namaḥ
Ōm Srīm Hrīm Klīm Vajrāya namaḥ
Ōm Srīm Hrīm Klīm Sakthayé namaḥ
Ōm Srīm Hrīm Klīm Dandāya namaḥ
Ōm Srīm Hrīm Klīm Khadgaya namaḥ
Ōm Srīm Hrīm Klīm Pāsāya namaḥ
Ōm Srīm Hrīm Klīm Ankusāya namaḥ
Ōm Srīm Hrīm Klīm Gadayāi namaḥ
Ōm Srīm Hrīm Klīm Trisūlaya namaḥ
Ōm Srīm Hrīm Klīm Padmāya namaḥ
Ōm Srīm Hrīm Klīm Chakrāya namaḥ
Ōm Srīm Hrīm Klīm Prāchyai namaḥ
Ōm Srīm Hrīm Klīm Irāvatāya namaḥ
Ōm Srīm Hrīm Klīm Pundarikāya namaḥ
Ōm Srīm Hrīm Klīm Kumudāya namaḥ
Ōm Srīm Hrīm Klīm Anjanāya namaḥ

Ōm Srīm Hrīm Klīm Pushpadantaya namaḥ
Ōm Srīm Hrīm Klīm Sarva Bhaumāya namaḥ
Ōm Srīm Hrīm Klīm Supratīkāya namaḥ

SHADAKSHARI
"Ōm Rādhāyai Swāhā"
Repeat three times and offer flowers or yellow rice.

SHASHTAMA SŌPĀNAM (Sixth Step)
THRIKŌNAM (Triangle)
Dhyānam:
Mantragrahana mātréna jeevanmuktho Bhavnnaraḥ |
Yamasthasmān māhābhītō vainatéyādivōragaḥ ||
Mantram tasya pradāsyāmi Bhrātaḥ kalpatarum param |
Kōti janmāgha vighnam cha sarvamangalakāranam ||
Yasyéstadévaḥ sarvāthmā Srikrishnaḥ prakruté paraḥ |
Guruscha vaishnavaḥ sukraḥ sa cha kéna jitō mahān ||
(Sanātana uvācha)
After recitation of each name offer flowers or yellow rice:
Ōm Srīm Hrīm Klīm Brahmané namaḥ
Ōm Srīm Hrīm Klīm Saraswatyai namaḥ
Ōm Srīm Hrīm Klīm Vishnavé namaḥ
Ōm Srīm Hrīm Klīm Mahā Lakshmai namaḥ
Ōm Srīm Hrīm Klīm Sivāya namaḥ
Ōm Srīm Hrīm Klīm Pārvatyai namaḥ
Ōm Srīm Hrīm Klīm Mādhavāya namaḥ
Ōm Srīm Hrīm Klīm Rādhai namaḥ
Ōm Srīm Hrīm Klīm Chidanandāya namaḥ
Ōm Srīm Hrīm Klīm Sarva Sidhi Pradyakāya namaḥ
Ōm Srīm Hrīm Klīm Chathur véda purushaya namaḥ
Ōm Srīm Hrīm Klīm Srustistithi Layādhārāyai namaḥ

Mantram:
"Ōm Srīm Hrīm Klīm "
Repeat three times and offer flowers or yellow rice.

SAPTAMA SOPANAM (Seventh Step)

BINDU

Dhyanam:

Ahamātmā Gudākesa Sarvabhūtāsaya sthithaḥ |
Ahamādischa Madhyam cha Bootānāmantha évacha || (Sri Krishna)
Sãi Krishna Bhagavat Pādāmbhōjé sadā Ramatam manō |
Sãi Krishna Bhavadwakthrāmbhojé Manaḥ Pibatan Madhu ||
Sãi Krishna Déva Déva Murthim Divyām Muhusmaratān Manō |
Sãi Krishna Bhagavat pādācharyo mamāsthu Pārayanam ||

Recite the names and offer flowers or yellow rice:

Ōm Srīm Hrīm Klīm Sārvānanda Mayāya namaḥ
Ōm Srīm Hrīm Klīm Advaitaya namaḥ
Ōm Srīm Hrīm Klīm Achanchalāya namaḥ
Ōm Srīm Hrīm Klīm Sāyujya Kaivalyāya namaḥ
Ōm Srīm Hrīm Klīm Hari Harāya namaḥ
Ōm Srīm Hrīm Klīm Sudha Brahmané namaḥ
Ōm Srīm Hrīm Klīm Bindu Swaroopāya namaḥ
Ōm Srīm Hrīm Klīm ŌmKārāya namaḥ
Ōm Srīm Hrīm Klīm Bālasurya Bhāsitaya namaḥ
Ōm Srīm Hrīm Klīm Swéta Mandalāya namaḥ
Ōm Srīm Hrīm Klīm Sivanārāyanāya namaḥ
Ōm Srīm Hrīm Klīm Sankara nārāyanāya namaḥ
Ōm Srīm Hrīm Klīm Lakshminārāyanāya namaḥ
Ōm Srīm Hrīm Klīm Kāma kalāya namaḥ
Ōm Srīm Hrīm Klīm Mahā Vajréswarā Nilayāya namaḥ
Ōm Srīm Hrīm Klīm Kāméswaro Kāméswari nilayaya namaḥ
Ōm Srīm Hrīm Klīm Mahā Bhagamāliné nilayāya namaḥ
Ōm Srīm Hrīm Klīm Parāsakthai namaḥ
Ōm Srīm Hrīm Klīm Mahā saraswatyai namaḥ
Ōm Srīm Hrīm Klīm Rāsaraséswarāya namaḥ
Ōm Srīm Hrīm Klīm Bhakthi Mukthi Préma Dāyakāya namaḥ
Ōm Srīm Hrīm Klīm Sri Sãi Krishnāya namaḥ
Ōm Srīm Hrīm Klīm Sri Sãi Ramāya namaḥ
Ōm Srīm Hrīm Klīm Vénunādaya namaḥ
Ōm Srīm Hrīm Klīm srusti sthithi layākārāya namaḥ
Ōm Srīm Hrīm Klīm Mahā Mahéswarāya namaḥ

Mantram:
"Sãi Krishna" - Repeat three times and offer flowers or yellow rice.
(Recite Sãi krishna Ashtothra namãvali, Trisathi namavali or similar names)

DHUPAM:
Yatpurusham vyadadhuhu kathidhãvya kalpayan
Mukham kimasya kau kãvũrũ pãdã uchyaté.
Vanaspati Raso divyah dhupōyam pratigruhyatam.
Sri Sãi Krishna Paramatmanē namaḥ, Sarva dévatabhyō namaḥ
dhoopoyamaghrāpayāmi (offer the incense)

DEEPAM:
Brãhmanōasya mukhamãseet. Bãhu rajanyaḥ Krutaḥ
Urũ thadasya yadwaisyaḥ Padbhyagum Soodrō ajãyata.
Jyōtishãm twam param jyōtistejastawam téjasãmapi
Ãtma Jyōtiridam deepajyōtirasthu tavãnagha.
Sri Sãi Krishna Paramatmané namaḥ, sarva dévatãbhyō
Namaḥ, deepam darsayami, dhupa deepãnantaram
ãchamaneeyam Samarpayãmi.

NAIVEDYAM *(offering of food)*
Chandramã Manaso Jãtaḥ chaksho Suryō Ajãyatã
Mukhãdindraschã Agnischa Prãnadwãyurajãyata ||
Naivédyam shadrasopétam Bhakshya Bhōjyam Chaturvidham |
Saghrutam saphalam déva gruhyatãm Sri Sãi Krishna ||

Ōm Bhurbhuvastsuvarōm Bhargōdévasya Dheemahi
Dhiyō yōnah Prachōdayat | Satyam tvarténa
Parishinchami Amrutamasthu, Amrutōpastharanamasi ||

Ōm Sarvadévatãswaroopa Bhagavãn Sri Sãi Krishna Para Brahmané namaḥ,
Sarvadévatãbhyo namaḥ Mahã naivédyam Samarpayãmi.

Ōm Prãnãyaswãhã, Ōm Apãnãyaswãhã, Ōm Udãnãyaswãhã, Ōm Samané yaswãhã, Ōm Brahamané yaswãhã, Mãhanaivédyam Samarpayãmi, Madhyé, Madhyé Pãneeyam Samarpayãmi, Amrurutãpi dhãnamasi, Uttarãpōsanam Samarpayãmi, Pãda Praskhãlanam Samarpayãmi, Naivédyãnantaram Sudha ãchameneeyam Samarpayãmi.

Leave a spoonful of water in the plate before the deity after showing the water with the right hand to the deity.

THAMBOOLAM
(offer betel leaves, betel nuts, cardamom seeds camphor and cloves.)

Nābhyā āsidantariksham sirshnō dyau samavartata |
Padbhyām Bhumirdisasrōthrāt Tadhā Lōkāgum Akalpayan ||
Pugiphala samāyuktam Nāgavali dalairyutam |
Karpoorachurna Samyuktam tamboolam pratigruhyatam ||
Srī Déva déva Sāi krishana paramātmané namaḥ |
Sarvadévatābhyō namaḥa, divya thamboolam samarpayāmi.

DAKSHINĀ *(offering of gift or offering in general)*
Sauvarnīm rājatām tāmrām nānāratna samanvitām |
Pujā sādgunya sidyardham Dakshināmarpayāmyaham ||
Srī Sāi Krishna Paramātmané namaḥa, sarva
Dévathabhyō namaḥa swarnapushpa dakshinām samarpayāmi.
(Offer thamboolam with many variety of fruits, and flowers and money or valuables like silver, gold and place them before the deity in a plate.)

NEERĀNJANAM *(showing camphor light to God.)*
Védāhamétam Purusham Māhantam
Ādityavarnam Tamasasthu paré |
Sarvāni roopāni vichithya Dheeraḥ
Nāmāni krutwābhivadan yadāsthé ||

Chandrādithyau cha dharanirvidudagnistadaivacha,
Twaméva sarvajyōtimshi Bhava Nīrājanam Prabhō.
Srī Sāi Krishna Paramātmané namaḥa, Sarvadévatā Dévōbhyō namaḥa,
karpoora nirājanam darsayāmi. Nirājanānantaram āchamanīyam samarpayāmi.

MANTRA PUSHPĀM

1. Dhāthā Purasthā dyamudājahāra Sakrah Pravidvān Pradisascha Tasraḥ,
   Tamévam Vidwānamruta iha bhavati, nānyah Pandhā Ayanāya Vidyaté.

2. Sahasrasirsham dévam viswāskham viswa sambhuvam,
   Viswamnārāyanam dévamaksharam Paramam Padadam.

3. Viswathah Paramānnityam viswam Nārāyanagum Harim, Viswam védam purushasthad visvamupajēvati.

4. Patim visvasyāthméswaragum sāṣwatagum sivamachyutam, Nārāyanam Mahājnéyam viswātmānam Parāyanam.

5. Nārāyana Parōjyōtirāthmā Nārāyanah Paraḥ, Nārāyana Parambrahma Tatvam Nārāyanah Paraḥ

6. Nārāyana Parōdhyātā Dhyānam Nārāyana Paraḥ Yacha kinchijagastarvam Drusyaté sruyatépivā

7. Antarbahischa Tatsarvam vyapya Nārāyana stitaḥ Ananthamavyayam kavigum samudréntam viswasambhuvam.

8. Padmakōsa Pratēkāsagum Hridayam chāpyadhōmukham Adoniṣthyā vithasthyanthé Nābhyāmupari thistathi.

9. Jwālamālā Kulam Bhāthi viswasyātanam mahat, Santatāgum ṣilābhisthu lambatyākōsa sannibham.

10. Tasyānté sushiragum sūkshmam Tasmim tsarvam Pratistitam, Tasya Madhyé mahānagnirvisvārchirviswatō mukhaḥ.

11. Sōgrabhugvibhajantistanāhāramajaraḥ kaviḥ, Tiryagoordhava Madhasāyē Rasmayasthasya santatā, Santhāpayatiswam Déhamāpāda talamasthakaḥ.

12. Tasya Madhyé vahni sikhā Aniyōrdhwā vyavasthithaḥ, Neelatoyada Madhyasthā Dvirdyulékhéva Bhāsvrā.

13. Neevārasūka vathanvi Pēthā Bhāswatyanupamā, Tasyā ṣikhāyā Madhyé Paramātmā Vyavasthithaḥ, Sa Brahma Sa Siva Sa Harischéndhrasōksharaḥ Paramaswarāt.

14. Ōm Tat Brahmā, Ōm Tadwāyuhu, Ōm Tadātmā, Ōm Tat satyam, Ōm Tat sarvam, Ōm Tatpurōnnamaḥ.

15. Antarscharati Bhūtéshu Guhāyam Viawamurthishu, Twam yajnastavam vashatkāra stvamindrastvagum, Rudrastvam Vishnusthvam Bramhastvam Prajapatih.

16. Twam tadāpa āpōjyoti rasōmrutam Brahma Bhurbhuvasuvarōm.

17. Tadvishnōḥ, Paramam Padagum sadā Pasyanti surayaḥ
Divīvachaskhurātatam, tadviprāsō vipanyavōjāgruvāmsa,
Samindhaté vishnōryathparamam Padam |

18. Rajadhirājāya Prasahya sāhiné Namō vayam vaisravanāya
Kurmahé sa Mé kāmān kāmakāmāya mahyam,
Kāmēswarōvaisravanō dadātu, kubérāya
Vaisravanāya Mahārājāya namaḥa.

19. Yō vaitam Brahmanō Véda Amruténāvrutām Purīm,
Tasmai Brahmascha Brahmascha Ayuḥ kirtim Prājam Daduḥ.

20. Ēsānasarva vidyānāmīswara sarva Bhutānām Brahmādhi,
Patir Brahmanōdhipatir Brahmā sivomé astu sadāsivōm.

21. Rutagum satyam Param Brahma Purusham Krishna Pingalam,
Urdhvarétam virūpaskham viswarupāya vai namaḥ.

22. Ōm Nārayanāya vidmahé vāsudévaya Dhimahi,
Tannō vishnuḥ prachodayāt.

23. Kalhāra mallikājāji kétakīvakulānvitam,
Pushpānjalim Gruhānésa Pādāmbuja yugarpitam.
Sri Déva déva Bhagavān Srī Sai Krishna Paramāthmané Namaḥ,
Divya suvarna mantra pushpam samarpayāmi.

Upachārah
Srī Sāi Krishna Paramātmané namaḥ, chatram
Dhārayāmi, Chāmaram vījayāmi, Nrutyam Dharsayāmi,
Geetam Srāvayami, Vādyam Ghoshayāmi, Andōlikā
Mārohayami, Gajamārōhayāmi, samastha Rajōpachāra
Dévopachāra Sakthyōpachāra Pūjān samarpayāmi.

Punaḥ Neerānjanam
Jaya mangalam nitya subhamangalam
Mangalam vijnāna manchidhisāiné,
Mangalam Sāi Krishnāya mahitabhumné
Jaya mangalam nitya subhamangalam.

Swasthi:

Swasthi prajābhyaḥ Paripalayantām
Nyayena Margéna mahīm Mahīsaḥ.
Gōbrāhmanébhyaḥ subhamastu
nithyam, Lokāsamasthā sukhinō Bhavantu.

Kālé varshatu Parjanyaḥ Pridhvī sasyasālinī,
Désōyam kshōbharahithō Brāhmānāsantu nirbhayāḥ.

Aputrāh Putrinassanthu Putrinassanthu Pautrinaḥ,
Adhanāsadhanāsanthu Jeevanthu saradam satam.

Pushpānjaliḥ

Twadbhakthi gandhasamyuktham twatkrupā kānshayā yutam,
Manaḥ Pushpānjalim tubhyam gruhāna Srī Sāi Krishnārpitam.
Srī Sāi Krishnā Paramātmané namaḥ, mantra pushpānjalim samarpayāmi.

Pradakshinam

Yānikānicha Pāpāni Janmāntara krutāni cha,
Tāni pranasyanthi pradashina padé padé.
Pāpōham papakarmāham papāthmā pāpa sambhavaḥ,
Trāhi mām krupayā déva saranāgathavatstala.
Anyadhā saranam nāsthi twaméva saranam mama,
Tasmāthkārunyabhavéna Raksha Raksha Sāi Krishnā.
Namasthé Sāi krishna Namasthé ṣaranāgatha vatsalā.
Namasthé Karunāmūrthé Namasthé Sarva sidhida.

Sri Sāi Krishnā Paramāthmané namaḥa
Āthma pradakshina namaskārān samarpayāmi.

Sāshtānga namaskāraḥ

Ānōranīyānmahatō mahīyānāthmā guhāyām nihithōsya jantōh |
Tama Krathuh pasyathi Vēthasōkō Dhāthuh Prāsadānmahimānamēsam ||

Na karmanā Na prajayā Dhanéna
Tyagénaiké Amrutatatwa mānasu
Paréna nākam nihitam guhāyām
Babhrajate tadyatayō visanti.

Védānta vijnāna sunischithārdhā
Sanyāsa yogādyatayasudhasatvāḥ,
Té Brahmalōké tu Parantakālé
Parāmurtātpari muchyanti sarvé.

Dahram vipāpam Paramésa Bhutam
Yatpundarīkam Puramadhyasthagastham,
Tatrāpi Dahram gaganam visōka
Thasmin yadantasthadupāsitavyam.

Yō védādau swaraḥ Prokthō védānté cha Pratistithaḥ,
Tasya Prakrutileenasya yaḥ paraṣamahéswaraḥ

Srī Déva Déva Sāi Krishnā Paramāthmané namaḥa
Sāshtānga namaskāram samarpayāmi.

Koti janma krutam Pāpam nasyaté nāthra samsayaḥ,
Divyarupam mukhé nāma naivēdya mudaré hariḥ ||

Pādōdakam cha nirmālyam mastaké yasya sōchyutaḥ,
Srī Sāi Krishna pādadōkam Pāvanam subham .
Srī Sāi Krishna Prasādam sirasā gruhnāmi.

Yajnena yajna mayajanta Dévah tāni Dharmāni
Pradhama nyāsan, Téḥ nākam mahimā na sachanté
Yatra poorvé Sādhyssanti dévāḥ.
Srī Sāi Krishna Paramātmanam yadhāsthanam Pratistapayāmi.

Āvāhanam Na Jānāmi na Jānāmi visarjanam
Pujāvidhim Na Jānāmi kshamaswa Sri Sai Krishna,
Aparādha sahasrāni Kryanté Aharnisam Mayā,
Dāsōyamiti Mām Matwā Kshamaswa Puroshōthama.

Sāi Krishnam Ramaniya chidwikāsam Saranam
Samsmaranēya sadvilāsam, Paramam Paramārdha thatwa bōdham Kalayé
Kalmasha keelana Prabōdham.

Yasya smrutyā cha nāmōkthyā tapah pujākriyādishu,
Nyūnam sampurnatām yāti kshmasva Sāi krishna prabhō.

Mantra Heenam Kriyā heenam Bakthi heenam Sāikrishna
Yat poojitam mayā Déva Paripoornam tadāsthuthé.

Anayā shodsōpachāra pujayā Bhagavān sarva dévāthmakaḥ Srī Sāi Krishna Paramāthmā dévathā supritha suprasannō varadō Bhava'n'thu, Nyunāthiriktham sarvam sagunam karōthu.
Ōm tatastst. Brahmārpanamasthu. Sarvé janāḥ sukhinō Bhavanthu, samastha sanmangalāni Bhavathu.
Nitya srī rasthu. Nitya mangalāni Bhavathu.
Srī Srī Srī Srī. Iti Srī Sāi krishna Bhagavat Pujāvidhi 's'amāpthā.

Prārdhanā
Sādhuvāsadhuvā karma yadyadāchạritam mayā,
Tatsarvam Dayayā Nādha Gruhānārādhanam mama.
Jagatām Nāyaka swāmin Désika swatmanāyaka,
Trāhi Trāhi krupasindhō Pujām Purnatarām kuru.
Jynatō ajyanatō vāpiyanmayā charitam purā,
Tava krutyamiti Jynātwā kshmaswa Sāi krishna Prabhō.

Évam kshamāpanam prārdhya Srī Sai krishnam swasmin
Vileenam Bhavayét. Hridpadma karnikā Madhyé
Jyanéna saha sadgurō, Pravisa tvam
Mahāyogin sarvaiyōgin sarvairbhakthaganaissaḥ.

ŌM TAT SAT

PANCHŌPACHĀRA PUJĀS
(Five modes of worship)

DWITEEYA SŌPĀNUM:
Asya Srī Sāi Krishna Dwiteeya Sōpāna Mantrasya, Lakshminārāyana Rushiḥ , Bruhati chandaḥ, Sri Sāi Krishna Dévata, klim Beejam, Sri sakthiḥ, Sri Sāi Krishna Prasāda sidyardhe' Japé viniyōgaḥ.

Adha Rushyādi nyāsaḥ:
Invoke the God by touching different parts of your body as directed below:
Touching your head by the right hand chant: Ōm Sāikrishnāya namaḥ (-Sirasi)
Touch your face and chant: Ōm Brihathi chandasénamaḥ (-Mukhé)
Touch your chest and chant: Ōm Sāikrishnāya namaḥ (-Hridi)
Touch your genital center and chant : Klim Beejāya namaḥ (-Guhyé)
Touch your feet and chant: Srim Sakthayé namaḥ (-Pādayōḥ)
Touch your all parts of the body and chant : Viniyōgaḥ (-Sarvāngé)

Adha Karanyāsaḥ:
First touch the index fingers of both of your hands to your thumbs and roll them and chant:
Klīm Sāikrishnāya namaḥ - Angustābhyānamaḥ
Vidmahe' Tharginibhyām namaḥ (roll the index finger with the thumb)
Ōm Srim Bhadrapriyāya namaḥ - Madhyamāya namaḥ (roll the middle finger with the thumb)
Dheemahi Anāmikābhyāya namaḥ (roll the ring finger with the thumb)
Tannaḥ namaḥ Krishnaḥ - Kanistikāya namaḥ (roll the little finger with the thumb)
Prachodayāt- Karatalakara Prustābhyām namaḥ (roll the fingers of the left hand with the right hand and vice versa)

Adha Hridaya nyāsaḥ namaḥ:
(Touching different parts of your body for opening of chakrās)
Klīm Sāikrishnāya namaḥ - Hridayāya namaḥ (touch the heart)

Vidmahé Sirasé swāhā (touch the forehead)
Srīm Bhadrapriyāya- Sikhāya vaushat (touch the top of the fore head)
Dheemahi - Kavachāya hum (touch both the shoulders)
Tannaḥ Krishnaḥ - Nétratrayāya vaushat
(Touching with the fingers of your right hand, First the right eye, the left eye, and invoke the energy in both of your eyes and the third eye with salutations.)
Prachodayāt - Astrāyaphat
(Touching the fingers of the right hand with the left hand fingers and vice versa invoke the universal consciousness to destroy all evil and negativity in me with salutations.)

Dhyānam (Meditation)
Sarva Préma maeem Sāi krishnam
Sistāchāra Grihadharmasuposhakam |
Sachidānanda Sāivigraham
Hari Hara Sakthi Rupina Mupāsmahé ||

Sarvāntaryāmi Sāi Krishnam
Rādhābhadrādi vallabham |
Kāmānandāya vigraham
Pranamāmi Sāi Krishnam ||

Bhadrā Sāi Krishna Gāyatri:
"Klīm Sāi Krishnāya vidmahé
Ōm Bhadrapriyāya Dheemahi
Tannaḥ Krishnaḥ Prachōdayāt."

Pancha Pooja:
Ōm lam Prithviyātmané gandham samarpayāmi
Ōm Ham- Ākāsāthmané Pushpaiḥ poojayāmi
Ōm Yam- Vayuāthmané Dhupa māghrāpayami
Ōm Ram - Āgnēy āyatmané Deepam darsayāmi
Ōm Vam - Amrutātmané naivédyam nivédayami
Ōm Sam - Sarvātmané Tāmbūlādi sarvopachārn samarpayāmi

Moolam:
Ōm Srīm Hrīm Klīm
"Klīm Sāi Krishnaya Vidmahé
Ōm Bhadrapriyāya Dheemahi
Tannaḥ Krishnaḥ Prachodayat"

Ithi 108 Santharpayét (repeat the mantra 108 times),
Pushpānjalim Samarpayāmi.

Japānantram:
Hridayadi Anganyasaḥ, Bhoorbhuvassuvarom Iti
Dwimokaḥ Dhyānam, Gayatri, Panchapoojā,
Rushim Cḥandōdévatantam Nyaséth.

THRUTEEYA SŌPĀNAM
Asya Srī Sāi Krishna Thruteeya Sōpāna Mantrasya Srī Krishna
Paramātma Rushiḥ, Brihathi Chandaḥ, Srī Kāma Dévaḥ Dévataa
Kleem Beejam | Srī Krishna Sakthiḥ | Sri Sāi Krishna Prasāda
Sidyardhé Japé Viniyōagaḥ Iti Rishinyādi nyāsaḥ :

Adha Rishyadi Nyāsaḥ:
Ōm Kāmadévaya namaḥ - Sirasi
Ōm Brihatee chandasé namaḥ - Hridi
Klīm Beejāya namaḥ - Guhyé
Srī Krishnāya namaḥ - Pādasayōḥ
Viniyogaḥ - Sarvangé

Adha Karanyasaḥ:
Klīm Kamadévāya Angustambhyām namaḥ
Vidmahé Tharginībhyām namaḥ
Dheemahi Anāmikābhyām namaḥ
Thannō Anangaḥ Kanistikābhyām namaḥ
Prachōdayāt Karathala Kara Prustābhyam namaḥ

Adha Hridaya nyasaḥ:
Klīm Kāmadévāya - Hridayāya namaḥ
Vidmahé - Sirasé Swaḥ
Pushpābanāya - Sikhāya Vashat
Dheemahi - Kavachāya Hum
Thannō Anangaḥ - Nétratrayāya Aushat
Prachodayāt - Astrāya Phat

Dhyānam
Sa Cha Tam Nāsayatyéva Dhruvam Thadhvadḥa Bhāghbhavét ||
Satatam Jagatām Krishna nāma Mangala Kāranam |
Mangalam Vardhaté Nityam Na Bhavédayushō Vyayaḥ ||
Tébhyō aphyapaithi Kālascha Mrutyuscha Rōga Éva Cha |
Santāpaschaiva Sōkascha Vainateyādivōragaḥ ||

Gayatri:
"Klim Kāmadévaya Vidmahé
Pushpa Bānāya Dheemahi
Thannōnangaḥ Prachodayāt"

Panchapooja:
Lam - Pridhivyathmané Gandham Samarpayāmi
Ham - Ākāsatmané Pushhpai Poojayāmi
Yam - Vavyatmané Dhoopamaghrapayāmi
Ram - Agnyatmané Deepam Darsayāmi
Vam - Amrutatmané Naivedyam Nivedayami
Sam - Sarvātmané Thambooladi Sarvopacharān Samarpayāmi

Moolam:
"Kleem Kāmadévāya Vidmahé
Pushpabānāya Dheemahi
Thannōnangaḥ Prachodayāt"

Iti 108 Santharpayét. Pushpānjalim Samarpayāmi.

Japānantaram:
Hridyādi Anganyāsah, Bhoorbhavassuvarōm
Iti Dwimōkaḥ, Dhyānam, Gayatrī -Panchapoojā,
Rushim Chandōdévatāntam Nyasét.

CHATURDHA SŌPĀNAM
Asya Sri Sāi Krishna Chathurdha Sōpna Mantrasya,
Srī Lakshminārāyana Rushiḥ, Gāyatri Chandaḥ, Sri Sāi Krishna Dévata, Klim Beejam, Swaha Sakthiḥ | Sri SāiKrishna Prasāda Sidyardhé Japé Viniyōgaḥ Iti Rishinyādi nyāsaḥ:

Adha Rishyādi nyasaḥ:
Ōm Sāi Krishnāya namaḥ - Sirasi
Ōm Gayatri Chandase namaḥ - Mukhé
Ōm Sāi Krishna Devatāyai namaḥ - Hridi
Kleem Beejaya namaḥ - Guhyé
Sri Krishnāya namaḥ - Pādayoḥ
Viniyogaḥ - Sarvāngé

Adha Karanyasaḥ:
Ōm Srīm Hrīm Klīm - Aungustābhyām namaḥ
Sāi krishnāya - Tharjaneebhyām namaḥ
Bhadrāya - Madhyambhyām namaḥ
Vallabhāya - Anāmikabhyām namaḥ
Swaha - Kanistikābhyām namaḥ
Prachodayāt - Karatalakaraprustābhyām namaḥ

Adha Hridayādi Nyāsah:
Ōm Srīm Hrīm Klīm - Hridayāya namaḥ
Sāi Krishnāya - Sirasé Swāha
Bhadrāya - Sikhāya Vashat
Vallabhāya - Kavachāya Hum
Swāha - Nétratrayāya Aushat
Prachodāyat - Astrāyaphat

Dhyanam: Saraswati
Yadrustam Cha Srutam Dhyānam Prasastam Sruthisundaram | Thannibhōdha Mahābhāga Bherama Bhanjana Kāranam ||
Saraswateem Suklavarnām Susmitām Sumanōharām | Kotichandra Prabhājusta Pushta Sriyuktha Vigrahām ||
Vahni Sudhāmsukādhānām Sasmitām Sumanōharām |
Ratna Sāréndra Khachithavara Bhūshana Bhūshitām ||
Supoojitām Suraganairbrahma Vishnu Sivadibhiḥ |
Vande Bhaktyā Vanditām Tām Muneendramanumānavai ||

Sri Sāi Krishna Shodasi
"Ōm Srīm Hrīm Klīm SāiKrishna Bhadra Vallabhaya Swaha"

Panchapooja:
Lam - Prithivyathmané Gandham Samarpayāmi
Ham - Ākāsatmané Pushpai Poojayāmi
Yam - Vayuatmané Dhoopamaghrapayāmi
Ram - Agnyātmané Deepam Darsayāmi
Vam - Amrutatmané Naivédyam Nivedayami
Sam - Sarvatmané Thamboolāadi Sarvopacharan Samarpayāmi
Moolam:
"Ōm Srīm Hrīm Klīm Sāi Krishna Bhadrā Vallabhaya Swaha"
Iti 108 Santharpayet. Pushpānjalim Samarpayāmi.

Japānantaram:
Hridyādi Anganyāsaḥ, Bhoorbhavassuvarōm
Iti Dwimōkaḥ. Dhyānam, Gayatrī -Panchapoojā,
Rushim Chandōdévatāntam Nyasét.

PANCHAMA SŌPĀNAM
Asya Sree Sāi Krishna Panchama Sōpana Mantrasya:

Srī Sāi Krishna Paramātma Rushiḥ, Gāyatri Chandaḥ, Rādhā dévata Ōm Beejam, Swahāhah Sakthihi |
Sri Rādha Prasāda Sidhyardhé Japé Viniyōgaḥ.
Iti Rushinyādi nyāsaḥ.

Adha Rushi Nyāsaḥ:
Ōm Mahéswaraya namaḥ - Sirasi
Ōm Gāyatri Chandasé namaḥ - Mukhé
Ōm Rādāhā dévatayai namaḥ - Hridi
Ōm Beejāyai namaḥ - Guhyé
Ōm Sakthayé namaḥ - Padayoḥ
Viniyogaḥ - Sarvangé

Adha Karanyāsah:
Ōm Rādhāyai - Angustabhyām namaḥ
Ōm Rādhāyai - Tharjaneebhyām namaḥ
Ōm Rādhāyai - Madhya namaḥ
Ōm Rādhāyai - Anāmikabhyām namaḥ
Ōm Rādhāyai - Kanistikābhyam namaḥ

Adha Hridyadi nyasah:
Ōm Rādhāyai - Hridyāya namaḥ
Ōm Rādhāyai - Sirasé Swaha
Ōm Rādhāyai - Sikhayai Vashat
Ōm Rādhāyai - Kavachāya hum
Ōm Rādhāyai - Astrāya Phat

Dhyānam:
Vaishnavīm Vishnumāyam Cha Krishnaprémamayēm Subhām |
Rāsamandala Madhyastam Ratnasimhasana Sthitām |
RāsaRaséswara Yuthām Rādhām Rāséswareem Bhajé ||

Pancha Pooja:
Lam-Pridhivyathmané Gandham Samarpayāmi
Ham-Ākāsātmané Pushhpai Poojayāmi
Yam-Vāvyatmané Dhoopamaghrapayāmi
Ram-Agnéyātmané Deepam Darsayāmi
Vam-Amruthatmané Naivedyam Nivédayami
Sam-Sarvatmané Thamboolādi Sarvopacharan Samarpayāmi
Moolam: "Ōm Rādhāyai Swaha"
Iti 108 Santharpayét. Pushpānjalim Samarpayāmi.

Japānantaram:
Hridyādi Anganyāsaḥ, Bhoorbhavassuvarōm
Iti Dwimōkaḥ, Dhyānam, Gāyatrī - Panchapoojā,
Rushim Chandōdévatāntam Nyasīt.

SHASTAMA SŌPĀNAM
Ōm Asya Srī Sāi Krishna Shasta Sōpāna Mahāmantrasya
Brahma Vishnu Maheswarā Rushayaḥ, Rugyajussamadharvanaḥ
Chandāmsi Pranaḥ Sakthiḥ, Parā Dévata, Srīm
Beejam, Hrīm Sakthiḥi, Klīm Keelakam, Srī Sāi Krishna
Prasāda sidhyardhé Japé Viniyōgaḥ.

Karanyasah:
Ōm Srīm - Angustabhyām namaḥ
Ōm Hrīm - Tharjaneebhyām namaḥ
Ōm Klīm - Madhyamabhyām namaḥ
Ōm Srīm - Anamikābhyām namaḥ
Ōm Hrīm - Kanistikābhyām namaḥ
Ōm Klīm - Karatala karaprustabhyām namaḥ

Hridayanyāsaḥ:
Ōm Srīm Hridayāya namaḥ | Ōm Hrīm Sirasé swāha |
Ōm Klīm Sikhāyai Vashat | Ōm Srīm Kavachāya hum |
Ōm Srīm Hrīm Klīm Astrāyaphat.

Dhyanam:
Thwaméva Sarva Jananee Mūlaprakrithireeswarī |
Thwaméva Chādyā Sristividhāu Swéchayā Trigunāthmikā ||
Sarvabeeja swarūpa cha Sarvapoojyā nirāsrayā |
Sarvajnā Sarvatōbhadrā sarvamangala mangalā ||
Sarvabudhi Swaroopā cha sarvasakthi swaroopinī |
Sarvajnāna pradā Dévē Sarvajna sarva bhavini ||
Nidrā twam cha dāyā twam cha trushnā twam chātmanaḥ priyaḥ |
Kshut Khāntiḥ Sāntireesā cha sānthiḥ srustischa sāswathee ||
Brahmānee Mahéswaree cha Vishnumāyacha Vaishnavī |
Bhadradā Bhadrakālī cha Sarvalōka Bhayankarī ||
Dhurityayā mé māyā twam yayā sammohitam Jagat |
Yayā Mugdhō hī Vidwāmscha Mōkshamargam Na Pasyathi ||

Pancha Pooja:
Lam - Pridhivyāthmané Gandham Samarpayāmi
Ham - Ākāsātmané Pushhpai Poojayāmi
Yam - Vavyātmané dhūpāmaghrapayāmi
Ram - Āgnéyatmané deepam Darsayāmi
Vam - Amrutatmané Naivédyam nivédāyami
Sam - Sarvātmané Thāmboolādi Sarvōpacharan Samarpayāmi.

Moolam:
Ōm Srīm Hrīm Klīm

Iti 108 Santharpayet. Pushpānjalim Samarpayāmi.

Japānantaram:
Hridyādi Anganyāsah, Bhoorbhavassuvarōm
Iti Dwimōkaḥ. Dhyānam, Gāyatrī - Panchapoojā,
Rushim Chandōdévatāntam Nyasét.

Saptama Sōpanām:
Asya Sri Déva Déva, Adwaita Swaroopa
Srī Sāi Krishna Mahāmantraḥ: "Sāi Krishna"

Nirantara dhyanōpasāna. Ōm Tatsat Brahmārpanamasthu.
Sarvam Srī Sāi Krishnarpana masthu.

Évam Kshamārpana Prardhana:
Sādhu Vāsādhu Vā Karma yadyadā charitam mayā
Tatsarvam Dayayā Nādha gruhānāradhanam mama.
Jagatām nāyaka swāmin désika swatmanāyaka,
Trāhi trāhi Krupāsindho poojām poornatharām kuru.
Jnānatōajnānatō vāpi Yanmayācharitam purā,
Ta Va Krutyamithi Jnāthwā Kshmaswa Srī Sāi Krishna Prabhō.
Srī Sāi Krishnam Swamin Vileenam Bhavayét.
Hridpadmakarnikā Madhyé Jnānéna saha sadgurō,
Pravisatvam Mahāyogin Sarvairbhaktha gaṇaissaha.

ŌM TAT SAT

Sri Sãi Krishna Astōttara Sata Nāmāvali

Dhyānam (Meditation)

Hé Gopalaka, Hé krupājalanidhé, Hésindhu kanyāpate' !
Hé kamsāntaka, Hé Gajendrakarunāpārina Hé Mādhava !
Hé Sãi krishna, Hé Jagatraya gurō, Hé pundarīkāsha, Mām
Hé Gopijananādha, Pālaya Param jānāmi, Na Tvām vinā !

"Sri Sãi Vyāpnoti Krishna" (Srī Sãi pervades as Krishna)

In front of every name add "Ōm Srīm Hrīm Kleem"
At the end of the name affix "namaḥ".

1. Eswarāmbā Pédavénkatarāja Tanayāya (son of Eswarāmbā Pédavénkatarāju)
2. Sri Satyanārāyana (Sri Satyanarayana)
3. Nara Nārayana priyāya (Loves Nara Nārayana)
4. Nirmala Hridayāya (Pure Hearted)
5. Nirantara Sarva Prāni Rakshakāya (Always gives protection to all beings)
6. Nishkāmāya (Free of desires)
7. Nirvikalpāya (Without differences as subjectives)
8. Navabandhapriyāya (Loves new relations)
9. Nirākārāya (Without any form-supreme being)
10. Nitya yavanāya (Always Youthful)
11. Nirantara Sarva Prāni nivāsāya (Always in the heart of every being)
12. Nirantarāndāmruta varshiné (Always granting joy and bliss mixed with nectar)
13. Ratnākāra kutumbōdhbhvāya (Born into and perpetuated the family of Ratnākāra)
14. Bhakta Préma prādāya (Magnificent donor of love and Bhakti)
15. Bhadrātma Swarupāya (Brahman living in Bhadra devi as her soul)
16. Bhakthānanda priyāya (Loves devotees happiness)
17. Bhakthapriyāya (Loves the devotees)
18. Bhakthavastalāya (Very fond of the devotees)
19. Bhakthivasyāya (Overpowered by Bhakti)
20. Bhakthasamrakshakāya (Protects the devotees)
21. Sarva kalāsarvāvasthāya (He is all the Time and State)
22. Akhanda vibhuthi tatvāya (All supreme truth pervading the universe)
23. Ahimsachāranasutrāya (Practices the principle of non violence)
24. Aatmānandaya (Delights in the Bliss of Atma)

25. Avināsāya (One without death)
26. Aksharasatyaroopāya (Truth incarnate, Indestructible and God)
27. Aksharanirakshara roopāya (Source of learning and Maya)
28. Advaitāya (Nondual and one and only God)
29. Avaykthanandāya (Imperceptible and Universal bliss)
30. Ardhanāreeswara Tatvāya (The form of half man and half woman)
31. Ananta Tatvāya (Infinite supreme spirit pervading the universe)
32. Aarthajana pālakāya (One who protects the afflicted and distressed)
33. Aatmāramāya (He is the Brahman)
34. Arundhati Nakshatra Darsana Bhāgya Phaladāya (Giver of the fruit of virtue on seeing the star Arundhati)
35. Abhyahasthāya (Guarantees Freedom from cause of fear)
36. Anantha Divya Premāmrutāya (Full of divine and infinite nectarine love)
37. Astamahishi nādhāya (Husband of eight queens)
38. Antarbahischa Narayanāya (Vishnu residing in both with and without)
39. Anādhanādha Srinādha Lokanādhāya (Lord of Sri Mahalakshmi, Universe and Protector and Master of orphans, helpless, and poor)
40. Sarvāntaryāminé (Present every where)
41. Sarvanārāyanāya (Omnipresent Nārāyanā)
42. Sāi Krishna Prématatwāya (Having the true state of love of Sri Sāi Krishna)
43. Sarvasakthāyé (All powerfull)
44. Sāi Bhagavathé (Sāi Saraswathi)
45. Sarvadhukhnivāranāya (Removes all afflictions and grief)
46. Sristikarthé (Creator of the Universe)
47. Sarvabhutāya (Present in all beings)
48. Satyadharmapréma Nilayāya (Abode of Truth, Righteousness, and Love)
49. Sankalpa mātrāya (Instant resolver)
50. Tyāgasāiroopiné (Incarnation of renunciation and generosity)
51. Tādātmiyāya (United with the soul)
52. Divya Swaroopāya (Divinely beautiful)
53. Divya gyāna Prabhodhakāya (Awakens supernatural knowledge)
54. Dhārmika Jeevana Punarudhārakāya (Resurrector of righteous life)
55. Sivaschanārāyanāya (Siva and Nārāyanā)

56. Sarãnagati Mãrga Phaladãya (Grants refuge to the seekers of shelter and protection)
57. Védoktha dharma charitãya (Practices the duties according to Védãs)
58. Kaivalyadãya (Grants eternal emancipation)
59. Karunã samudrãya (Ocean of compassion and sympathy)
60. Sri Krishnãya (Sri Krishna)
61. Krishnapriyãya (Lover of Krishapriya)
62. Krishna Bhakthi priyãya (Loves Bhakti of Krishna)
63. Kãlascha Nãrãyanãya (Narãyanã who controls the time and destiny)
64. Jagannãthãya (Lord of the Universe)
65. Sivasakthi roopãya (Sivasakthi)
66. Umãmaheswarãya (Parvathi and Siva)
67. Hiranyagarbhãya (Brahman and Vishnu with the soul of the subtle body)
68. Parabrahmané (The Supreme Being)
69. Prematatwapriyãya (Lover of Love)
70. Paripoornãvatãrãya (Complete Avatãr)
71. Puttaparthi nivãsãya (Lives at Puttaparthi village)
72. Shirdivãsiné (Lives at Shirdi village)
73. Prémãmrita Muralimoharãya (With the nectarine music of the flute loves the beings)
74. Prèmabãndhãvaya (With love bounds the beings)
75. Nityãya (Eternal)
76. Bhakthãnugraha vigrahãya (Favors Bhakti)
77. Swéchãmayãya (Full of Freedom)
78. Prakritiparãya (Devoted to Nature)
79. Dhyanasãdhyãya (Can be reached by Dhyãna)
80. Paramãtmané (The supreme soul of the Universe)
81. Atidurlabhãya (Very difficult to obtain)
82. Rãséswarãya (King of the Rasalila)
83. Rãsamandalãya (Present in the Rasamandala)
84. Suprasannãya (Who is very gracious)
85. Swatantrãya (Independent)
86. Sarvakãranakãranãya (Creator of all causes)
87. Sarvãntharãthmanè (Present in all beings)
88. Sarwesvrãya (Lord of all Universes)

89. Sarvājeevāya (All the beings)
90. Sarvādhārāya (Source for all the Universe)
91. Poojyāya (One to be adored)
92. Paramdhāmné (Lives in the supreme abode)
93. Jyothiroopāya (In the form of light)
94. Sanātanāya (The Eternal being)
95. Sarvasampatswaroopāya (Incarnation of all opulence)
96. Sarvasampatpradāya (Giver of all wealth)
97. Sarvamangalakārāya (Doer of all auspiciousness)
98. Sarvamangalapradāya (Giver of all auspiciousness)
99. Sarvamangalāya (Auspiciousness incarnate)
100. Rādhamādhavāya (Lord of Radha)
101. Hindolarāgapriyāya (Loves music of Hindola rāga)
102. Koti Surya Chandra Prabhāya
(Shines with light equivalent to 10 million Suns light)
103. Purushothamāya (Vishnu, the highest Supreme Being)
104. Paramāya (The Principal spirit)
105. Prānaroopāya (He is the life force)
106. Prasannaroopāya (Grace incarnate)
107. Sarvānandāya (Supreme Bliss Incarnate)
108. Sukhapradāya (Grants happiness)

ŌM SRI SĀI KRISHNĀYA NAMAHA

SRI SĀI KRISHNA TRISATI
DHYĀNAM

Eswarāmbā sutam Srī Sāim kamalalōchanam |
Namāmyaham Srīkrishnam Lakshmibhadrādi vallabham |
Mōksha samprāptayé Sāyim Vandé Prémaswaroopinum |
Trimurtyātmaka sāīsam Namāmi Advaitarupinam|

"Sri Sāi Vyāpnoti Krishna
(Sri Sāi pervades as Krishna)

In Front of every name add "Om Srim Hrim Kleem"
At the end of the name affix "Namaḥ"

1. Omkāraya (Sacred syllable "OM")
2. Sāi Krishnāya (Sri Sāi as Krishna)
3. Sāi Eswarāya (Sāi as Siva)
4. Sarva Lakshana Shobhitāya (Resplendent with all the attributes)
5. Sarvāthmaswaroopāya (Similar in all the souls of the beings)
6. Sarvāntarayāminè (Present in all the souls of the beings)
7. Saundaryopasakāya (Worshipper of beauty)
8. Sarvagyānāya (Omniscient)
9. Sarvavyāpakāya (Omnipresent)
10. Suparimala Sugandha Bharitāya (Wears excellent sweet smelled fragrance)
11. Sarva Jana pālakāya (Rules over all the people)
12. Sarva Jana Rangitāya (Pleases all the people)
13. Sarva Jana Prāna Nādhāya (Protector of life of all people)
14. Sarvagyānānanda swaroopāya (Wisdom incarnate)
15. Sarvalokanstistikārāya (Creator of the Universe)
16. Sanātanāya (The eternal being)
17. Sarvabijaswaroopāya (He is the seed source of creation)
18. Sāyujyapradāya (Grants Liberation)
19. Sarveswarāya (The Almighty God)
20. Sarva Jagat Prānaswaroopaya (He is the life of the Universe)
21 Bhakthi mukthi pradāya (Bestower of Bhakti and Liberation)
22. Sarva guna Sampannāya (Endowed richly with all the attributes)
23. Sarva Sidhi Pradāya (Grants all the accomplishments)

24. Sristiroopāya (He is the Creation)
25. Sristikarthé (Creator)
26. Srististiti Layākāra (Destruction of the Creation)
27. Sarvadevatā roopāya (Appear as all Devatas)
28. Satyabhāmā saundaryopāsāya (Appreciates the beauty of Satyabhama)
29. Satyasankalpāya (Truth Incarnate)
30. Soundarya Pipāsané (Drinks all the beauty of Nature)
31. Sarvam Krishnamāya (Everything filled with Krishna)
32. Sangeetha Priyāya (Loves Music)
33. Sakalagunābhi Rāmāya (Rama filled in all the attributes)
34. Sarvānga Shobitāya (Shines and distinguished)
35. Sarvajana Priyāya (Loved by all beings)
36. Sadā Darahāsa Puritāya (Always with a smiling face)
37. Sarva Sampat Swarupāya (Opulence incarnate)
38. Sarva sampat Pradāya (Giver of all wealth)
39. Sammoha Bharitāya (Full of Māya or fascination)
40. Sakala Hridyādi Nétré (Inner eye of all beings)
41. Sarva samardhāya (Capable of everything)
42. Sarvā mangala Swaroopāya (Giver of all auspiciousness)
43. Sarvātmakāya (Present in all souls-the eternal being)
44. Sankalpa siddhidāya (Grants all wishes)
45. Sarva Kartré (Creator)
46. Sarva Bharthré (Sustainer of all)
47. Sarvasamānāyā (All are same or equal)
48. Sanātanadharma Prabhodakāya (Awakened Sanātana Dharma)
49. Sarva Sakshiné (Eternal Observer)
50. Sahasra sasikirana téjomayayāya (Resplendent with 1000 moons' light)
51. Swāminamapriyāya (Loves the names of the Swamis)
52. Sāi Gāyatri Dévatāya (Principal deity of Sai Gāyatri)
53. Sai Durgāya (Sāi Durga)
54. Sarvam Krishnamayāya (All pervading Krishna)
55. Satya Pravarthakāya (Motivates Truth)
56. Sāi Satya Geetā Satya Dévāya (He is the Truth, Geeta and Sai, the God)

57. Sãi Krishna Poornāvatārāya (Sai Krishna, the complete Avatar)
58. Sãi Sarva Jaganivāsāya (Present in all the Universe)
59. Sãi Sarva Lakshana Sampanāya (Sãi, the possessor of all beautiful qualities)
60. Sarva devatāteetāya (Imperceptible among the dévatās)
61. Sachidānand Murtayé (Murthy with Supreme Bliss)
62. Satyadharmapréma Nilayāya (He is the Truth, Righteousness, and Love)
63. Strījanavanditāya (Adored by women)
64. Samagānapriyāya (Love of Sāmagāna Music)
65. Sathakōti manmadhākaraya (He is as beautiful as 7000 million times the moon)
66. Srutirangani sandésa spandāya (Touched by the message of Srutirangani)
67. Sathakoti Neela mégha Chandra Bhāsāya (Resplendent 7000 million times brilliance that of the clouds and moon)
68. Sankha chakra Gadā dharāya (Armed with conch, disc, and Mace)
69. Saranāgatha Rakshakāya (Gives protection to those who surrender)
70. Syamasunderāya (Beautifully blue in color)
71. Sabdabrahmané (Brahma of sound)
72. Satakōti Surya Prabhāsamānāya (Shines with the light of 1000 million suns)
73. Saranāgati Pradāya (Grants Refuge)
74. Srungāra Rasa Lāvanya Murtai (Elegantly charming and pleasing God)
75. Srī Hari namā sankirtana Priyāya (Love songs of names of Hari)
76. Srī Vatsa chinhāya (With particular mark on breast as that of Vishnu)
77. Srīpatyé (Vishnu)
78. Sudhāya (Pure and Holy)
79. Subha Swaroopāya (Auspicious in appearance)
80. Suprasannāya (Very gracious)
81. Késavāya (Késava-Vishnu)
82. Kamala Nayanāya (Lotus-eyed)
83. Karunāmayāya (Compassionate)
84. Kiriti Hridaya Mangala Swaroopāya (Occupier of Arjuna's Heart)
85. Kālātitāya (Beyond time)
86. Kaustubha dhāriné (Wearer of Kaustubha Jewel)
87. Krishna tatva Priyāya (Lover of Krishna's philosophy)

88. Kaustubhavana Mālikā Shobhitayā (Resplendent with Kaustubha jewel and garland of wild- flowers)
89. Krishnōpāsaka Bhaktānugraha Priyāya (Gracious and loves all the Krishna Bhaktas)
90. Kalyāna Moortāya (Auspicious Divinity)
91. Kāranā kārana Rahitāya (Devoid of cause and causelessness)
92. Kāla Murtai (Controller of time)
93. Kālātita Mohitānvitaya (Great and beyond time)
94. Kshirābdhi Vāsāya (Lives in the sea of milk)
95. Avyaktha Bhāvāteetāya (Past the Imagination is the existence of his mind)
96. Adbhuta Leelādarsa kāya (Shows wonderful plays)
97. Askalitha Brahmachārinè (Firm celibate)
98. Akhanda Téjojagadwidhātrè (Brahma with unbroken Universal effulgence)
99. Atyadbhuta ākarshaneeya Roopāya (Most attractive and beautiful Being)
100. Adyanta Rahitāya (For Him, either beginning or end exists)
101. Adwaitāya (Has no two but one and only one)
102. Antaryāmi Swaroopāya (His form is like the soul)
103. Akhilāndakoti brahmānda Naikāya (Lord of million worlds)
104. Atisukshma Roopāya (Who has the small of the smallest appearance)
105. Aadhyātmika Moortāya (Incarnation of spirituality)
106. Adwaita Tatwa Prateekāya (Represents Nonduality)
107. Aarthathrāna Parāyanāya (Protector of distressed)
108. Amrita Swaroopāya (Incarnation of nectar)
109. Avyakthānanda Nilayāya (Endowed with invisible bliss)
110. Anurakthi Virakthi Swaroopāya (Beyond attachment and detachment)
111. Anantha Koti Baktha priyāya (Lover of innumerable Bhaktās)
112. Anādi Purushāya (Man with neither beginning nor end)
113. Aadi Purushāya (The Primal supreme Being)
114. Aadityāya (He is the Sun)
115. Aadhāra Buthāya (Supporter of all Beings)
116. Adwitéyāya (Unparalleled, without a second)
117. Anandāya (Blissful)
118. Aloukikānandāya swāntāya (With an unworldly mind)
119. Akrurāradhya Daivāya (Adored by akrura)

120. Aatma Swaroopāya (He is Brahman)
121. Adwaita sthithi kalpanāya (Creator of Nonduality)
122. Ananya Bhaktha Sulabhāya (Available easily to innumerable Bhaktas)
123. Anantha Pāvana Paratatwāya (Represents unlimited real state)
124. Aapadbhāndavāya (Helps in adversities and calamities)
125. Anantāya (He is infinite)
126. Ardha Nāreeswarāya (Siva half man and half woman)
127. Aarādhya Daivatāya (Adorable God)
128. Aadyantha Rahitāya (With no beginning or ending)
129. Anantha tatvāya (Infiniteness)
130. Akhanda Téja swaroopāya (With unlimited Brilliance)
131. Aadhyatmika chintā Pramoditaya (Promotes spiritual thinking)
132. Adwaita Préma Jyothishé (He is the light of non-dual luminary)
133. Achanchala Manaskāya (Firm willed)
134. Adbhuta Parākramavaté (With wonderful valour)
135. Aravinda Dalāyatākshāya (With lotus eyes)
136. Agnidyõta sandésa Priyāya (Loved the message of Agnidyõta)
137. Avināsāya (Cannot be terminated)
138. Aparichinnāya (Unbounded, continuous)
139. Adhokshajāya (Vishnu)
140. Astāmahishi Priyāya (Lover of eight Queens)
141. Gõpakishorāya (A King lad of Gopalas)
142. Gopi Hridaya Vāsiné (Present in the hearts of all Gopis)
143. Gunātitāya (Beyond all attributes)
144. Grihasta Dharma Pālakāya (Supports family life)
145. Gopivallabhāya (Chief lover of Gopis)
146. Gopagopijana Priyāya (Lover of Gopis and Gopās)
147. Geetācharyāya (Spiritual perceptor of Bhagavadgita)
148. Golõka pālakāya (King of the Goloka)
149. Grihastāsrama Nirdeshakāya (Directs the householders)
150. Chinmayānanda swaroopāya (Bliss incarnate)
151. Chirudarahāsāya (Always with the smiling face)

152. Chaturvidha Purushãrdha Phaladãya (Righteousness, riches, Love's and Liberation fruit granter)
153. Chitrãvaté Nãdi Teera Kalpa Vriksha Pradarsakãya (Shows the Kalpaviruksha by the side of the Chitavati River)
154. Chithachorãya (Steels the minds)
155. Jagat swaminè (Lord of the Universe)
156. Jagannãtaka Suthradhãrinè (Principal Director of the activities of the Universe)
157. Jagannãdhãya (Lord Vishnu)
158. Jaganmohanãkãrãya (With his magical charm bewilders)
159. Gyãna Bodhana Tatparãya (Engaged in teaching Gnãnã)
160. Jambavaty antahkaranalolãya (Loves the soul of Jambavati)
161. Jagadéka Manmadhãya (Uniquely lovely in the Universe)
162. Jagat kalyãna kãnskhiné (Desires the wellness of the Universe)
163. Jagat Rakshãkarãya (Protects the universe)
164. Jeeva Jyoti Swaroopãyaya (He is the light of life forces)
165. Gyãnaswaroopãya (Wisdom incarnate)
166. Trikãlã gynãnãya (Knower of all the past, present, and future)
167. Tyãga Tatparãya (Devoted to renunciation and generosity)
168. Talpasãyiné (Rests on Aadisesha)
169. Trivikramãya (Vishnu)
170. Trigunãteetãya (Beyond the three gunas)
171. Tãdãtmasthithi Karyãya (Establishes the true nature of the soul)
172. Tapah phaladãya (Gives the fruit of the Penance)
173. Divyamangala sundarãya (Auspiciously Divine and Beautiful)
174. Divyachakshu Sobhitãya (With divine eyes)
175. Dayã samudrãya (Full of kindness)
176. Dévãdhi Dévãya (God of Gods)
177. Divyaguna sampannãya (With divine qualities)
178. Dharmapada Nirdesakãya (Dictates the path of the Dharma)
179. Durlabha Sulabhãya (Make it accessible that which is difficult)
180. Dèvaki Vasudèva Sutãya (Son of Devaki and Vasudeva)
181. Doshãdosha Vivargitãya (Makes guilt and non transgressions to give up)
182. Deenajana Bãndhavãya (He is a relative of poor people)
183. Dusta Sikshaka Sista Rakshakãya (Punishes the wicked and protects the remaining)

184 Divyāti Roopa Dharāya (With celestial and Brilliant Divine form)
185. Dharmā dharma Vimukthāya (Relieves from duty and non duty)
186. Dharma Pālanāya (Fosters the Dharma)
187. Déva Rakshanāya (Protects the God)
188. Divischa Nārāyanāya (He is the Nārāyanā of Heaven)
189. Nityāsevita vātsalyāya (Affectionate to all the dependants)
190. Neela Megha syāmāya (Sky blue in color)
191. Nirgunāya (Without qualities- the supreme being)
192. Nischala Bhakthi Priyāya (Loves unchangeable Bhakti)
193. Natanāsutra Dhārāya (Unseen conductor of the Universe)
194. Nitya Gõdāna Niyamāya (With a principle of always donating cows)
195. Nitya sudhāya (Pure always)
196. Nitya Santhustāya (Always pleased)
197. Nava Mohanāngāya (Always with magical charm)
198. Nishkāmāya (Free from desires)
199. Nijatatvātitāya (Truth incarnate)
200. Nārāyanāya (Nārāyanāya-Vishnu)
201. Prānadātré (Bestows the life)
202. Prémalolāya (Devoted to love)
203. Parabrahmanè (The supreme spirit)
204. Prémāmrita Nilayāya (Endowed with love of Amrit)
205 Purushottamāya (The highest Supreme Being -Vishnu or Krishna)
206. Préma swaroopāya (Love Incarnate)
207. Peetambara Dharāya (Wears yellow silk vesture)
208. Poornapurushāya (Complete being-Man)
209. Purāna purushāya (The Ancient being Vishnu)
210. Paripoornatamāya (Completely magnificent)
211. Padmanābhāya (One who has lotus in his naval region Vishnu)
212. Prakritipriyāya (Loves extolling)
213. Prémāvatārāya (Love Incarnate)
214. Prémādheenāya (Endowed with the understanding of Love)
215. Prématatvārādhakāya (Adores the real state of Love)

216. Paramātma Tatvāya (Soul of the Universe)
217. Paramātmanè (The supreme spirit)
218. Paramānandāya (Filled with Bliss)
219. Prakrithi Purushāya (The man of the Nature)
220. Parama Guruvé (The Greatest Guru)
221. Parama Purushāya (The Principal being)
222. Paramjyothishé (Full of Heavenly brilliance)
223. Prémavasamkarāya (Submissive to Prema)
224. Paramārdhāya (Supremely Holy and Venerable)
225. Paramayogindrāya (The supreme Yogi)
226. Bhadrānādhāya (Husband of Bhadradevi)
227. Bhadrāpriyāya (Love of Bhadra)
228. Bhadrānurāgahridayāya (Affection for Bhadrādevi in his Heart)
229. Bhadrākalāvirbhutāya (Creator of Kāla Bhadrā)
230. Bhadrā Sahitā Loukikānubandha jeevaya (Having worldly-wise family state with Bhadrādevi)
231. Bhāvagambhira Murtai (With profound intuition and imagination)
232. Bhāvātitāya (Beyond state of existence)
233. Bhāvagarbhitāya (Filled with Imagination)
234. Bhāvarahitāya (Beyond the state of existence)
235. Bhābhāva vivarjitāya (Beyond existence and non existence)
236. Bhaktha chintitāya (Thinks of the devotees)
237. Bhakthāgrésarāya (The first amongst the Bhaktās)
238. Bhakthanijatatvābhilāshāya (Wishes to know always the true state of Bhakthas)
239. Bhakthānugraha vigrahāya (Graces the Bhaktās)
240. Bahukutumbikāya (Having a very big family)
241. Brahmānandakoti sakala Devatāparivārāya (With 10 millions of all Devatas in the universe)
242. Bandhujana vanditāya (Respected by the relatives)
243. Manohara Murtai (Bewitching and heart stealing personality)
244. Mayātitāya (Beyond Māya)
245. Moolapurushāya (One who caused the creation)
246. Mõkshapradāya (Granter of Liberation)

247. Murali Manoharãya (Krishna, the enrapturing person with the flute)
248. Mõskhamãrga Nirdesakãya (Who shows the way to Liberation)
249. Mãtãpitru Sèvitãya (Serves the mother and father)
250. Manorangitãya (Gives happiness to all beings)
251. Mãyãmãnusha vèshadhãriné (With deceitful manly appearance)
252. Manmadhakõtisundarãya (Beautiful as the 10 million manmadhas put together)
253. Mahimãnvitha roopãya (Illimitable personality)
254. Mandasmitha vadanãya (With a smiling face)
255. Mugdha Manoharãya (Beautiful and innocent personality)
256. Mukundãya (Lord Vishnu)
257. Mãrgadarsakãya (Guide)
258. Manah sankalpa sidhidãya (Grants the resolves and desires of the mind)
259. Mangalakara Divya roopãya (Auspicious divine personality)
260. Mridu Madhura Pãdapadma subha Pradãya (With delicate sweet lotus feet which are propitious)
261. Leela nãtaka sũthradhãriné (Director Human activities)
262. Leelãmãnusha vigrahãya (In the guises of man)
263. Lakshmi Vallabhãya (Husband of Sri Mahalakshmi)
264. Leelavinodãya (Play for delight and amuses)
265. Lokõtharacharitãya (One who is extraordinarily known to the universe)
266. Lokapãlakãya (Ruler of the Universe)
267. Lokõdhãranãya (Saviour of the world)
268. Lalithamanaskãya (One who has a graceful and beautiful mind)
269. Lakshmi nãrãyanãya (Vishnu)
270. Viswajana vanditãya (Adored by the world)
271. Viswajana rangitãya (Gladdens the people of the world)
272. Viswapréma Tatwãya (Promotes worldly Love)
273. Visãlahridayãya (With a very big heart)
274. Vanalakshminãdhãya (Consort of Vanalakshmi)
275. Vidyuktha dharma Pãlakãya (Observes duties based on education)
276. Védaswaroopãya (He is vedas)
277. Védanta védyãya (Expert in Darsanas of Hindu Philosophies based on Upanishads)
278. Virãginé (Without passions)

279. Vénugānalōlāya (Loves music of the Flute)
280. Vénunāda gānamritha Varshiné (Showers Amrita through the music of the Flute)
281. Virātswarūpaya (The supreme being first manifestation of God as a form)
282. Viswaroopāya (The universe as manifested in God)
283. Védantāswaroopāya (He is the vedanta)
284. Védavidyāya (Versed in the divine knowledge of the Vedas)
285. Vinayasampannayā (Rich in humility, modesty, etc)
286. Viswambharāya (All sustaining supreme spirit Vishnu)
287. Viswavyapakāya (Present in all the universe)
288. Viswavirāgāya (Devoid of all worldly passions)
289. Viswanirmalāya (Establish world peace)
290. Vastalyabhāvāya (With affection)
291. Vivāha yogyataprāpti Varadaya (Grants success for getting married)
292. Vasantarutupriyāya (Loves spring)
293. Préma Murtyai (Love incarnate)
294. Yagnapurushayā (Vishnu the Divine Being propitiated by yajna)
295. Sri Krishnāmrita Tatwa siddhidāya (Grants Sri Krishna Amrita Bhakti)
296. Dhirōdāttoya (Courageous)
297. Satyasainé (Satyasai)
298. Gayatri swaroopāya (He is Gayatri)
299. Geetachrya (Professor of Geeta)
300. Satyanārāyana (Truth and God)

ŌM Srim Hrim Klim SĀI KRISHNA PARAMĀTMANÉ NAMAH

SVÉTA DWEEPAM (MANDALAM) - GOLOKAM

Author with his family:
Dr. J.S.S. Lakshminarayanan, author (front); Dr. Sita Devi, wife (front);
Mrs. Rama, daughter-in-law (left); Mrs. Lalitha Kishore, daughter (right);
Mr. Sreenivas, son (left); Dr. Bassias, son-in-law (right).

Grandchildren:
Annapoorna, holding Leela Sahiti.

Aperion Books

Book Publishing for the Digital Age

Aperion Books is dedicated to producing high quality publications that help people facilitate positive change in their lives. We specialize in publishing titles on spirituality, wellness, and inner growth.

Our unique Collaborative Publishing Program is specifically designed to help writers and authors expand their personal and professional horizons through creatively designed books that are distributed to national wholesalers and leading retailers.

www.ingramcontent.com/pod-product-compliance
Lightning Source LLC
Chambersburg PA
CBHW031301290426
44109CB00012B/669
* 9 7 8 0 9 8 5 6 0 3 9 0 8 *